STEPHAN CEZANNE

Was wir feiern

CHRISTLICHE FEIERTAGE UND IHRE BEDEUTUNG

edition chrismon

Bibliografische Information der Deutschen Nationalbibliothek.
Die Deutsche Nationalbibliothek verzeichnet diese Publikation in der
Deutschen Nationalbibliografie; detaillierte bibliografische Daten sind
im Internet über http://dnb.d-nb.de abrufbar.

Umschlaggestaltung und Satz:
Kristin Kamprad, Hansisches Druck- und Verlagshaus GmbH

Umschlagfoto:
Katja Heddinga

Druck und Bindung:
DZA Druckerei zu Altenburg GmbH, Altenburg

Printed in Germany
ISBN 978-3-938704-57-8

Fotonachweis

Quelle	Seite
Katja Heddinga	8, 9, 26, 39, 49, 68, 69, 82, 83, 112, 113, 134, 135, 142, 143
Johnér/plainpicture	27
Kaiser, W./plainpicture	38
Tanja Luther/plainpicture	48

Inhalt

Die Sonne ist jeden Tag neu

HERAKLIT VON EPHESOS (UM 540–480 V. CHR.)

Vorwort

Das christliche Festjahr gehört zu den großen kulturellen und gesellschaftlichen Leistungen in der Geschichte der Kirche. Es ist das spirituelle Zeitsystem für rund zwei Milliarden Christen weltweit und bietet den Menschen, die es in ihren Jahresalltag integrieren, geistige Struktur, inneren Halt und Wegbegleitung durchs Leben.

Die einzelnen Stationen des Kirchenjahres erinnern nach der Lehre der Kirche an Gottes Handeln durch Jesus von Nazareth. Sein Werdegang spiegelt im Verlauf des Kirchenjahres die wesentlichen Aspekte und Fragen des menschlichen Daseins: Geburt, Sterben, Auferstehung, Tod und Weltende.

Das Kirchenjahr ist geprägt vom Weihnachts- und Osterfestkreis, die in der evangelischen und in der katholischen Kirche im Wesentlichen übereinstimmen und damit einen Pfeiler der Ökumene bilden, sowie von den einzelnen Sonntagen.

Das weltliche Jahr beginnt am 1. Januar. Das Kirchenjahr bereits am ersten Adventssonntag. Der Begriff „Kirchenjahr" tauchte erstmals Ende des 16. Jahrhunderts auf, als die kirchliche und die weltliche Kalenderordnung zunehmend auseinanderdrifteten. Die heutige Gestalt des Kirchenjahres hat sich in einem jahrhundertelangen Prozess entwickelt und war seit der Entstehung des Christentums zahlreichen Änderungen ausgesetzt.

Dieses Buch beschreibt die Kirchenfeste aus zum Teil ungewohntem Blickwinkel. Es erklärt die großen christlichen Hauptfeste und ihren Bezug zur Praxis der Kirche und dem Alltag der Menschen. In den Text sind die Gedanken zum Kirchenjahr aus mehr als zehn Jahren journalistischer Arbeit eingeflossen. Zudem werden

Psychologen, Theologen, Literaten, Wissenschaftler, spirituelle Lehrer und Berater vorgestellt sowie deren Ansichten und Anleitungen zu einem weisen Umgang mit der Zeit. Mein Dank gilt meiner Frau Dagmar für ihren praktisch-theologischen Rat. Besonders dankbar bin ich meiner Lektorin Antje Steinhäuser für ihre kluge Mithilfe, Motivation und Geduld bei der Gestaltung des Textes.

Stephan Cezanne

Fixpunkte im Strudel der Zeit

Das Kirchenjahr besteht aus dem Zirkel der christlichen Feste. Das älteste Fest, bezeugt seit dem zweiten Jahrhundert, ist Ostern, im vierten Jahrhundert kamen Weihnachten und Pfingsten hinzu. Das Erntedankfest, bis heute kein offizieller, aber ein üblicher Bestandteil des Kirchenjahres, gehört seit dem dritten Jahrhundert zum Kanon. Das katholische Fronleichnamsfest wird seit dem 13. Jahrhundert gefeiert, die Trauertage im November – Allerheiligen und Allerseelen – wurden seit dem Mittelalter etabliert. Später kam der Totensonntag hinzu.

Zeit wird erfahrbar durch Wiederholungen: Im Naturjahr sind dies Frühjahr, Sommer, Herbst und Winter. Daneben hat der Mensch die Zeit schon früh in künstliche Abschnitte eingeteilt. Das alte China kannte die Zehn-Tage-, die Römer die Acht-Tage-Woche, aus dem Mesopotamien des achten vorchristlichen Jahrhunderts ist bereits eine Sieben-Tage-Woche überliefert. Innerhalb dieser Zyklen wurde meist ein Tag besonders hervorgehoben und gefeiert: In der jüdischen Welt ist dies bis heute der Sabbat, Muslime heiligen den Freitag, Christen den Sonntag.

Alle diese Zeitsysteme haben eines gemeinsam: Die Zeit wird unterteilt, gemessen und markiert, damit die Lebenszeit möglichst sinnvoll und gut genutzt werden kann – nicht nur hinsichtlich optimaler Arbeitsleistung und Effektivität, sondern auch, um idealerweise Balance zwischen Ruhe und Aktivität, Arbeit und Muße, Anstrengung und Entspannung sowie Betriebsamkeit und Kontemplation zu erreichen.

Zu Beginn des 21. Jahrhunderts stöhnen immer mehr Menschen darüber, dass ihre Zeit aus dem Gleichgewicht und das Koordinatensystem des Lebens aus den Fugen gerät. Aktivität, Arbeit und Anstrengung bestimmen weite Teile des Lebens. Der globale Wettbewerb verstärkt diese Tendenz, während der Ausgleich durch Ruhe, Muße und Entspannung bei vielen – oder gar den meisten – zu kurz kommt. Zugleich werden Millionen vom Erwerbsleben, das eine wesentliche Rolle für die gesellschaftliche Anerkennung und Integration spielt, unfreiwillig ausgeschlossen. Diese Problematik erschwert den befriedigenden Umgang der Menschen mit der ihnen zugeteilten Zeit.

Dem Stress im Beruf sagen immer mehr Menschen den Kampf an, ein langsames Umdenken findet statt: Manager meditieren auf Zeit in Zen-Klöstern, Seminare zur Entschleunigung oder zur Praxis der Achtsamkeit verzeichnen eine zunehmende Nachfrage von Menschen jeden Alters und aus allen Berufen. Gerade sehr aktive und hochproduktive Menschen betonen, wie sehr die beiden Pole Tätigkeit und Muße zusammengehören. Und darauf zielen auch die Feste des Kirchenjahres. Allerdings schwindet das Grundwissen über die Inhalte der christlichen Religion. Angesichts der zunehmenden Säkularisierung der Gesellschaft hilft es wenig, den christlichen Traditionsabbruch zu kritisieren. Die kirchlichen Feste müssen vielmehr immer wieder aktualisiert, neu interpretiert und mit allen Sinnen erfahren werden. Der Mensch, der ein Bewusstsein entwickelt für die biologischen, gesellschaftlichen und kosmischen Zeitabläufe, in die er zugleich eingebunden ist, entwickelt auch ein Bewusstsein dafür, dass er durch eine achtsame Beobachtung dieser Lebenszyklen sein inneres, seelisches Wachstum fördern kann.

Der Mensch kann der Zeit freilich nicht entrinnen. Er muss den Umstand hinnehmen und verkraften, dass sein Leben begrenzt ist. Im Augenblick seiner Geburt bereitet sich bereits der Tod vor. Philosophen trösten damit, dass der Kern der menschlichen Persönlichkeit außerhalb der durch Uhren und Kalender messbaren Zeit liegt – Ähnliches lehren die großen Religionen. Der lebenskluge Schriftsteller Thomas Mann (1875 – 1955) beruhigte: „Sie werden überrascht sein, mich auf ihre Frage, woran ich glaube, oder was ich am höchsten stelle, antworten zu hören: Es ist die Vergänglichkeit." Vergänglichkeit sei nichts Trauriges, denn wo keine Vergänglichkeit ist, ist auch kein Anfang und kein Ende: „Und Zeitlosigkeit ist das stehende Nichts."

Moderne Lebensberater raten für einen sinnvollen Umgang mit der Zeit daher zur Gelassenheit. Veränderungen im Leben müssen als Chance angenommen werden. Alles, was wir für unveränderlich halten, ist letztlich dennoch dem Wandel unterworfen. Eine alte asiatische Weisheit rät zum Schwimmen im Strom der Zeit, zum Loslassen von dem, was längst nicht mehr in das eigene Leben passt – und dazu, das Neue ohne Angst anzunehmen.

Mit „Kairos", einem Begriff aus der griechischen Mythologie, bezeichnen christliche Theologen die günstige Gelegenheit, den rechten Zeitpunkt, den Moment, in dem Gott eine besondere Chance und Gelegenheit für den aufmerksamen Menschen bereithält. Die Feste und Feiern der Religionen der Welt auf der Pilgerfahrt zu dem einen Gott sind so betrachtet Fixpunkte im Strudel unserer Lebensgeschichte.

Das Rätsel Zeit

Was ist die Zeit? „Wenn mich niemand danach fragt, so weiß ich es; will ich es aber einem Fragenden erklären, weiß ich es nicht", bekannte Aurelius Augustinus (354–430). Über das Wesen des Mysteriums Zeit rätseln Philosophen und Gelehrte seit Menschengedenken. Bis heute hat niemand eine klare Antwort geben können. Wer seine Zeit nutzt, lebt mit ihr. Aber sie entzieht sich dem, der über sie grübelt. Die Seele dürfe sich aber weder im Grübeln über die Vergangenheit oder die Zukunft verlieren, sondern müsse sich auf die Gegenwart konzentrieren, mahnt der Kirchenvater der Spätantike. Der moderne Rat lautet: Ganz entspannt im Hier und Jetzt.

„Der gegenwärtige Augenblick, das Jetzt, ist der einzige Augenblick, in dem wir wirklich leben", betont der US-amerikanische Arzt und Achtsamkeitsmeditations-Lehrer Jon Kabat-Zinn: „Vergangenes ist vorüber, Zukünftiges noch nicht geschehen. Nur die Gegenwart steht uns zum Leben zur Verfügung. Das Jetzt ist die einzige Möglichkeit, die wir haben, um wirklich zu sehen, wirklich zu handeln, wirklich heil und gesund zu werden. Deshalb ist jeder Moment so unendlich kostbar."

Ein bewusstes und aktives Erleben der Gegenwart wird in Zeiten zunehmender Beschleunigung allerdings immer schwieriger. Der Mensch ist damit gesegnet, dass er sich seiner Zeit von Kindesbeinen an erinnern kann. Dieser Segen kann aber auch zum Fluch werden, wenn die Vergangenheit zur Last wird und die Zukunft scheinbar kaum Positives bereithält. Wer sich nicht an die Vergangenheit verlieren will und auch seine Angst vor der Zukunft in den Griff bekommen möchte, der sollte versuchen, mehr im Augenblick zu leben. Dies ist keine Absage an eine vernünftige, zielgerichtete Lebensplanung oder sentimentale Rückschau. Beides ist nötig, um sein Leben aktiv gestalten zu können. Doch in jedem bewusst gelebten Augenblick, in jedem mit Aufmerksamkeit beobachteten Atemzug schlummern ungeahnte Energien – für jeden von uns. Die achtsame Wahrnehmung des jeweiligen Moments bedeutet, dass man in jedem Augenblick des Lebens voll präsent ist – auf diese Weise kann man zwar dem Alltagsstress nicht ausweichen, man kann diesen aber wesentlich besser bewältigen. Dies ist freilich nicht leicht und erfordert Disziplin. Tatsächlich müssen immer mehr Menschen immer mehr Dinge in ihrer immer knapper bemessenen Zeit unterbringen. Allerlei technische Geräte – vom Internetanschluss über den Beamer bis zum iPod – haben sich als immense Zeitfresser in unserem Alltag breitgemacht. Die Anforderungen an das Zeitmanagement nehmen beständig zu. Und siehe da, zunehmend erinnert man sich dabei auch der alten spirituellen Techniken, die in den Religionen der Welt über viele Jahrhunderte und Jahrtausende entwickelt wurden. Um jeden Augenblick aktiv leben zu können, müssen im Alltag Momente zum Innehalten eingebaut werden – wer Zeit zum Träumen und Nachdenken gewinnen will, muss das sorgfältig einplanen, braucht aber manchmal auch einfach nur die längste Schlange im Supermarkt zu wählen. Zeitforschern zufolge ist die Zeit erfüllt, wenn man nicht an die Zeit denken muss, wenn der Zeitdruck nicht spürbar ist. Der ungarisch-amerikanische Psychologe Mihály Csikszentmihályi hat dafür den Ausdruck „Flow" geprägt. Er bezeichnet damit die Befindlichkeit eines Menschen, der völlig in einer Sache aufgeht, etwa wenn bei einer Tätigkeit alles wie am Schnürchen läuft, ohne Widerstände, ohne Sorgen, ohne Langeweile.

Alle Religionen kennen für Phasen der Erneuerung seit Jahrtausenden „heilige Zeiten" – aus dem Alltag herausgehobene Zeitinseln, die allein dem Menschen, der Besinnung und der Ruhe dienen sollen. Das können der Waldspaziergang am Wochenende, die stille Andacht, das Anzünden einer Kerze in einer Kirche oder

– ganz klassisch – der Gottesdienst am Sonntagmorgen sein – und für manch anderen durchaus auch die Kultserie im Fernsehen, die Bundesligasaison oder der Mallorca-Urlaub. Der Rostocker Theologieprofessor Karl-Heinrich Bieritz erklärt: „Heilige Zeiten umschließen jene kostbaren Augenblicke, in denen Lebenssinn – und damit das Leben selbst – in unerhört verdichteter, deutlicher, greifbarer Weise erscheint." Der Benediktinerpater Anselm Grün, Spezialist auf dem Gebiet der geistlichen und spirituellen Lebensberatung, empfiehlt zur optimalen Handhabung der Lebenszeit Rituale, weil diese dem „Tag, der Woche und dem Jahr eine gesunde Struktur" geben. Wer sein Leben durch „gesunde Rituale" bereichert, erfährt die Freiheit von äußerem Druck. Wie die christlichen Feste des Kirchenjahres der Zeit einen Rhythmus und dem Menschen ein Gespür für die Jahreszeiten geben, bedeuten persönliche Rituale wie Andacht, Meditation oder ganz bewusst gestaltete Freiräume eine „Aus-Zeit" und somit nicht mehr und nicht weniger als eine tägliche Auffrischung der Lebensfreude. „Die äußere Ordnung der Rituale bringt mich innerlich in Ordnung", bringt es Grün auf den Punkt.

In der Bibel finden sich an zahlreichen Stellen konkrete Hinweise zum Umgang mit den Tagen, Wochen und Monaten, die den Menschen gegeben sind. So wird im ersten Kapitel des ersten Buchs Mose beschrieben, wie sich die Autoren der Bibel die Erschaffung der Zeit vorstellten: „Und Gott sprach: Es werden Lichter an der Feste des Himmels, die da scheiden Tag und Nacht und geben Zeichen, Zeiten, Tage und Jahre." Im zweiten Buch Mose, Kapitel 34, Vers 21, wird mehr als 2000 Jahre vor Gründung der ersten Gewerkschaften die Sechs-Tage-Woche befürwortet: „Sechs Tage sollst du arbeiten; und alle deine Werke tun, aber am siebenten Tage sollst du ruhen, auch in der Zeit des Pflügens und des Erntens." Lebenskluge Gelassenheit verbreiten die zuweilen melancholischen Reden des sogenannten Predigers im Alten Testament: „Geboren werden hat seine Zeit, sterben hat seine Zeit; pflanzen hat seine

Zeit, ausreißen, was gepflanzt ist, hat seine Zeit." Im selben Buch der hebräischen Bibel findet sich die Erkenntnis: „Wiederum sah ich, wie es unter der Sonne zugeht: Zum Laufen hilft nicht schnell sein, zum Kampf hilft nicht stark sein, zur Nahrung hilft nicht geschickt sein, zum Reichtum hilft nicht klug sein; dass einer angenehm sei, dazu hilft nicht, dass er etwas gut kann, sondern alles liegt an Zeit und Glück."

Das Alte Testament rät vor allem zur Gelassenheit. Zugleich warnen die seit Jahrtausenden in heiligen Schriften zusammengetragenen Lebensweisheiten aus Religion und Kultur den Leser vor unnützen Spekulationen, etwa im Prediger, Kapitel 11: „Berechne nicht die Zukunft, sondern nütze den Tag!"

Zentrum des Kirchenjahres: Jesus Christus

Im Zentrum des Kirchenjahrs steht Jesus Christus. Das christliche Festjahr erzählt von seiner Geburt an Weihnachten, seinem Tod am Kreuz an Karfreitag, seiner Auferstehung von den Toten an Ostern und seiner Himmelfahrt. Wer war dieser Jesus von Nazareth? Dass er gelebt hat, wird auch von Skeptikern nicht bezweifelt. Über kaum eine andere Figur der Antike finden sich derart zahlreiche Überlieferungen. Sowohl die vier Evangelisten Markus, Matthäus, Lukas und Johannes, die römischen Historiker Sueton (um 70 – 130) und Tacitus (55 – 116), der jüdische Geschichtsschreiber Flavius Josephus (um 37 – 130) als auch der Syrer Mara bar Serapion aus dem zweiten Jahrhundert beschreiben jeweils Abschnitte aus Jesu Leben. Jesus kam mutmaßlich zwischen den Jahren sieben und vier „vor Christus" auf die Welt und starb um das Jahr 30 „nach Christus". So die herrschende Meinung unter Historikern, die sich dabei auf die Evangelien beziehen. Nach der Bibel wurde Jesus zur Zeit des König Herodes geboren, wahrscheinlich in dessen letzten Jahren – Herodes soll im Jahr vier vor Christus gestorben sein. Die genauen Daten verlieren sich im Nebel der Weltgeschichte – und auch Jesu Leben hat verschiedene Deutungen erfahren.

Fest steht für Christen und Nichtchristen: Jesus von Nazareth veränderte die Welt wie kaum ein anderer! Seine zentrale Botschaft von der unmittelbaren Nähe Gottes zu den Menschen fasziniert und inspiriert Millionen von Menschen auch mehr als zwei Jahrtausende nach seinem Tod. Nach kirchlicher Lehre hat sich Gott in Jesus Christus offenbart, sind Gott und Mensch in ihm eins geworden. Nach der am Neuen Testament orientierten kirchlichen Lehre heißt es seit Jahrhunderten: „Er ist wahrer Mensch und wahrer Gott."

Jesus wurde in die jüdische Familie eines Dorfhandwerkers in Palästina hineingeboren. Vermutlich erlernte er das Handwerk seines Vaters Josef und wurde Zimmermann. Er hatte mit einiger Sicherheit jüngere Brüder und Schwestern. Jesus wirkte vor allem in den jüdisch besiedelten Teilen Galiläas, laut Religionshistorikern in einer vielsprachigen, aus vielen Kulturen gemischten Bevölkerung – neben Juden waren dies Angehörige des römischen Militärs, Griechen und andere Volksgruppen. Jesus wurde in die Kultur des späten Griechentums hineingeboren. Die griechische Kultur hatte damals den ganzen Orient durchdrungen, in einigen Ländern Kleinasiens verständigte man sich bis ins Mittelalter hinein in einer Spätform der griechischen Sprache. Die sogenannte hellenistische Welt reichte von Sizilien bis nach Indien. Diese Kultur war stark von esoterischen Einflüssen geprägt. Die zahlreichen Wunder- und Heilungsgeschichten, von denen das Neue Testament berichtet, waren für die Menschen der damaligen Zeit nicht so außergewöhnlich wie für die Menschen der Moderne. So soll etwa Apollonios von Tyana (um 40–120) als Prediger und Wunderheiler tätig gewesen sein. Apollonios wurden in der Spätantike sogar christusähnliche Züge mit übernatürlichen Fähigkeiten zugesprochen – dies wurde in der Auseinandersetzung mit dem Christentum eingesetzt, um Apollonius als Gegenfigur von Jesus Christus zu glorifizieren, die Einzigartigkeit Jesu sollte durch ihn infrage gestellt werden.

Die Evangelien beschreiben Jesus als charismatische Ausnahmepersönlichkeit: Er verzichtet auf Familie, festen Wohnsitz und überflüssigen Besitz. Dennoch ist der jüdische Prophet und Wanderprediger aus Nazareth kein asketischer Weltverbesserer. Er feiert mit den Menschen in Galiläa Feste und heilt ihre seelischen und körperlichen Krankheiten. Zugleich wird Jesus zum religiösen Rebell, wenn er vor einem starren und blinden Glauben an die

19

religiöse Überlieferung warnt: „Ihr habt gehört, dass gesagt ist: ‚Du sollst deinen Nächsten lieben' und deinen Feind hassen. Ich aber sage euch: Liebt eure Feinde und bittet für die, die euch verfolgen", dokumentiert die Bergpredigt Jesu radikales Eintreten für eine neue Ethik und soziale Gerechtigkeit. Das Wirken von Jesus dauerte gemäß den Erkenntnissen der Historiker nicht länger als einige Jahre, es gibt Stimmen, die sogar von nicht mehr als einem einzigen sprechen. Jesus war kein Prophet im klassischen Sinn des Alten Testaments. Er gehörte wohl aber zu jenen frommen Gelehrten Israels, die den Geist der Prophetie besaßen. Der Kern von Jesu Botschaft war die Verkündigung der Königsherrschaft Gottes, die er als endgültige Wirklichkeit verstand. Der Jude Jesus überschritt dabei nie die Grenze seiner eigenen Religion, in die er hineingeboren wurde, bekräftigen Theologen. Doch immer wieder wurde die jüdische Herkunft Jesu in Frage gestellt – oft aus weltanschaulichen Gründen. Doch es gibt eindeutige Indizien für Jesu Verwurzelung im Judentum. So ist etwa der Name Jesus die ins Griechische übertragene Form des aramäischen Jeshua, die auf den in der Bibel häufigen hebräischen Namen Jehoshua zurückgeht. Jehoshua heißt so viel wie „Gott hilft".

Für einige moderne jüdische Theologen ist Jesus einer der großen Glaubenszeugen Israels, allerdings nicht als Gottes Sohn, sondern als Mensch. Die heute rund 15 Millionen Juden weltweit führen ihren Namen zurück auf den israelischen Stamm Juda, der um 549 vor unserer Zeitrechnung in der Region des heutigen Jerusalem lebte. Die jüdische Religion gilt als die älteste heute noch existierende monotheistische Religion, die also allein an einen Gott und nicht an mehrere Gottheiten glaubt. Nach jüdischem Glauben hat der Herr der Welt das jüdische Volk auserwählt, um mit ihm einen Bund zu schließen. Die Offenbarungen Gottes an das jüdische Volk sind enthalten in der Thora, den fünf Büchern Mose, die auch am Anfang der christlichen Bibel stehen. Das Judentum hat nicht nur starken Einfluss auf das Christentum, sondern auch auf den Islam gehabt. Der zentrale Feiertag – quasi der jüdische Sonntag – ist der Sabbat. Dieser wöchentliche Ruhetag geht auf das in der Bibel beschriebene Ausruhen Gottes nach der Schöpfung zurück. Der Sabbat dauert von Freitagabend bis Samstagabend. In dieser Zeit darf nicht gearbeitet werden. Weitere wichtige jüdische Feiertage sind das Neujahrsfest Rosch ha-Schana im September oder Oktober, wenn man sich nach dem gregorianischen Kalender richtet, der Versöhnungstag Jom Kippur auch im September oder Oktober, die Wallfahrtsfeste Passah am Abend des ersten Frühlingsvollmonds und Schawuot – aus dem im Christentum Pfingsten wurde – etwa sieben Wochen nach Passah sowie das siebentägige Laubhüttenfest Sukkot meist im Oktober und das mit seiner Lichtsymbolik Weihnachten ähnelnde achttägige Tempelweihfest Chanukka im November oder Dezember.

Ein auch für Christen interessantes Bild von Jesus zeichnet der Koran. In dem heiligen Buch der Muslime erklärt Gott den Menschen sein Wesen und seine Gesetze. Gott hat sich nach islamischem Glauben von etwa 610 bis 632 nach Christus dem Propheten Mohammed offenbart. Daraus entstand der Koran, der in 114 Kapitel oder Suren aufgeteilt ist. Dort sind die für Muslime wichtigsten Glaubensinhalte festgelegt: Der Glaube an den einen Gott, Allah, und Mohammed, seinen Propheten, eint die Muslime. Muslime – das wird im islamisch-christlichen Dialog oft übersehen – achten Juden und Christen als Angehörige einer großen Buchreligion. Sie schätzen Jesus als Propheten sehr – allerdings nicht als Sohn Gottes. Das Ansehen Jesu im Islam ist sehr viel höher als etwa das Ansehen des Propheten Mohammed im Christentum. Nach einer islamischen Legende soll Jesus vor dem Jüngsten Tag auf die Erde zurückkehren, um Christen und Muslime zu einem Gottesvolk zu vereinen. Doch gerade in jüngster Zeit haben einige evangelische Bischöfe verneint, dass es sich bei Allah um denselben Gott handelt, zu dem auch Juden und Christen beten. Diese Haltung passt zu der heutigen Tendenz der Religionen, sich eher vonein-

ander abzugrenzen als aufeinander zuzugehen. Zum Islam bekennen sich heute etwa eine Milliarde Menschen. Die zwei größten
islamischen Glaubensgemeinschaften sind die Sunniten und die
Schiiten. Die Sunniten leben vor allem in den Staaten Nordafrikas,
auf der arabischen Halbinsel und in Pakistan. Schiiten gibt es vor
allem in Iran und Irak. Islam bedeutet nach der verbreitetsten Auslegung die Ergebung in den Willen Allahs. Wenn Mohammed Jesus
im Koran als „großen Propheten" beschreibt, ist diese Darstellung
derjenigen in den Evangelien nicht unähnlich. Hier wie dort gilt
er als der große Wundertäter. Jesus und seine Mutter Maria sind
im Koran zwei Gestalten der Heilsgeschichte. Josef allerdings, den
das Neue Testament als Verlobten und Mann Marias nennt, wird
im Koran schweigend übergangen.

Jesus zwischen New Age und Esoterik

Neben Christentum, Judentum und Islam machen sich auch andere Weltreligionen ihr eigenes Bild von dem Sohn der Maria:
Indische Mystiker sehen in ihm einen geistesverwandten Yogi, der
den Weg zur rechten Versenkung weist. Mahatma Gandhi pries
Jesus als „Fürsten der gewaltlos Überlegenen". Die New-Age-Be-
wegung wirbt mit einem esoterischen Christus unter anderem
für gesundheitliches Wohlbefinden und Erfolg im Beruf. Jesus
sei ein „Eingeweihter", der ein geheimes Heilwissen an einen inneren Kreis von Anhängern weitergab, ist in der entsprechenden
Literatur zu lesen. Seit rund 2000 Jahren wechseln die Bilder, die
sich die Menschen von Jesus machen: Er wird nicht nur als Sohn
Gottes verehrt, sondern auch als Pazifist, erster Sozialist, Vorläufer
der Psychoanalyse oder Ökofreak vereinnahmt. Der US-amerikanische Dominikanerpater Matthew Fox wirbt mit seiner Idee vom
„kosmischen Christus" heute für eine Renaissance der mittelalterlichen Mystik. Für den 1940 geborenen Fox ist die grausame Hin-

richtung Jesu am Kreuz eine Metapher für die tägliche Kreuzigung der Schöpfung. Fox tritt ein für eine ganzheitliche Rückbesinnung auf die kosmische Dimension des Christentums mit der Einbeziehung der Natur, des Geistes und der Seele: „Eine geistvolle Religion erweckt den Geist, statt ihn zu dämpfen; sie preist die Vernunft, statt sie gering zu schätzen; sie lässt den Geist auferstehen, statt ihn zu verderben."

Was sagt die Kirche über das Wesen Jesu? Für die christlichen Kirchen ist Jesus Gottes Sohn: In einem lutherischen Glaubenskompendium wird erklärt: „Hier wird das Leben und Sterben eines Menschen so verstanden, dass Gott in ihm ganz anwesend war und uns so seine Liebe und Gerechtigkeit mitten unter uns zuwendete. Es geht also nicht nur um eine menschliche Geschichte unter der Führung Gottes. Es geht um ein menschliches Dasein, in dem Gott in die Menschheitsgeschichte eingetreten ist. Das Neue Testament hat das zum Ausdruck gebracht, indem es Jesus mit dem Bekenntnis der ersten Gemeinden nicht nur ‚Christus', sondern auch den ‚Gottessohn' nannte." Die Alte Kirche in den ersten Jahrhunderten spitzte das zur Aussage zu, er sei nicht nur „wahrer Mensch", sondern auch „wahrer Gott". Doch als solcher hat sich Jesus wohl nie verstanden. Der US-amerikanische Professor für Religionstheologie Paul Knitter gibt zu bedenken: „Wenn Jesus beanspruchte, der Sohn Gottes zu sein, oder wenn er irgendein Bewusstsein seiner göttlichen Sohnschaft hatte, wissen wir aus dem Bericht des Neuen Testaments von einem solchen Anspruch oder Bewusstsein nichts." Jesus, räumt Knitter zugleich ein, habe sich aber offenbar selbst so verstanden, dass er im Plan Gottes eine besondere, wenn nicht einzigartige Rolle spielt. Um die Geheimnisse der Anteile von Gott und Mensch in Jesus Christus wurden im späteren Laufe der Kirchengeschichte erbitterte Debatten geführt, Menschen wurden zu Ketzern erklärt, wenn sie in dieser Frage nicht wie die herrschende Mehrheit dachten. Theologie hatte zu allen Zeiten nicht nur etwas mit Frömmigkeit und Spiritualität, sondern immer auch viel mit

Macht zu tun – bis heute. Viele moderne Theologen und Theologinnen sehen Jesus heute vor allem als einen Menschen, der eine unmittelbare Nähe zu Gott besaß wie kaum ein Mensch nach ihm. Aus dieser Nähe wird ihm daher eine besondere Vollmacht zugesprochen, den Menschen Gott nahezubringen.

Nach christlichem Glauben wird Gott in Jesus von Nazareth Mensch, um die Welt zu erlösen und den Menschen das Heil zu bringen: „Gott wurde Mensch, damit Menschen Kinder Gottes werden", lautet ein theologisches Bekenntnis. Weihnachten – die heilige, geweihte Nacht – gilt daher auch als das Fest der Liebe. „In dem wahren Menschen Jesus Christus hat sich der ewige Sohn und damit Gott selbst zum Heil in die verlorene Menschheit hineingegeben", bekennen die Kirchen. Martin Luther formuliert in einem Weihnachtslied: „Des ewgen Vaters einig Kind / jetzt man in der Krippen find't; / in unser armes Fleisch und Blut / verkleidet sich das ewig Gut. Kyrieleis."

Theologen unterscheiden zwischen dem Jesus der Geschichte und dem Christus des Glaubens. War also der Rabbi aus Nazareth wirklich Gottes Sohn oder „nur" einer der bedeutendsten spirituellen Lehrer der Menschheit? Gläubige sprechen von der inneren Gewissheit der Christuserfahrung, die sich rational nicht erschließen lässt. Dies beschrieb bereits der als Angelus Silesius bekannte schlesische Mystiker, Dichter und Arzt Johann Scheffler (1624 – 1677) in seinem bekannten Vers: „Wird Christus tausendmal zu Bethlehem geboren / Und nicht in dir, du bleibst noch ewiglich verloren."

*Wechsel vom Dunkel zum
Licht. Das Kirchenjahr verbindet
Mensch und Natur*

Advent und Weihnachtszeit: vom Dunkel ins Licht

Advent – vom lateinischen Wort „adventus" für Ankunft – ist die Zeit der Vorbereitung auf Weihnachten. Der erste Advent fällt auf den Sonntag zwischen dem 27. November und dem 3. Dezember. Adventskalender, Lichter, Kränze, besondere Speisen und Kirchenlieder wie „Macht hoch die Tür" künden symbolisch das Fest der Geburt Jesu an. In die Zeit des Advent fällt am 21. Dezember auch die Wintersonnenwende. Die Tage werden danach wieder länger und lassen das Ende von Winter und Dunkelheit erahnen. Schon alte Kulturen, etwa die der Kelten, feierten diese Zeit des Wechsels vom Dunkel zum Licht. Das christliche Kirchenjahr integriert damit auch die Verbindung zwischen Mensch und Natur. Der Advent endet, wenn am Heiligen Abend die Sonne untergeht.

Am 6. Dezember wird mit dem gabenbringenden Nikolaus eine alte christliche Gestalt zum Leben erweckt. Der historische heilige Nikolaus wurde im dritten Jahrhundert in der heutigen Türkei geboren. Der spätere Bischof von Myra ging als barmherziger Wohltäter in die Heiligenkalender ein. Über sein Leben gibt es nur wenige historische Belege, aber einen Kranz von Legenden, etwa die von der Rettung dreier Jungfrauen: Ein armer Mann will seine drei Töchter verkaufen, weil er keine Mitgift für sie aufbringen kann. Nikolaus will den Mädchen helfen und wirft nachts große Goldklumpen durch ihre Zimmerfenster, was sie aus ihrer materiellen Not befreit. Einer anderen Erzählung zufolge soll er in Seenot geratenen Seeleuten erschienen sein und sie gerettet haben. Außerdem soll er zahlreiche Menschen wieder zum Leben erweckt haben. Im Mittelalter entwickelte sich der Brauch, dass Kinder sich am Nikolaustag

einen „Kinderbischof" wählen durften. Er predigte den Erwachse-
nen und durfte ihr Verhalten tadeln. Das Spiel mit der umgekehrten
Ordnung wird aber auch in der heutigen Zeit in einzelnen Gemeinden wiederentdeckt. Vorherrschend ist jedoch der Brauch, dass der
Nikolaus kleine Geschenke bringt, während er die folgsamen Kinder
lobt und die ungezogenen tadelt.

Zu Zeiten der sogenannten Alten Kirche, bis ins siebte Jahrhundert
hinein, waren die vier Wochen vor Weihnachten eine Fastenzeit, in
der der Mensch Entsagung übte, während er den Sohn Gottes erwar-
tete. Um die Advents- und Weihnachtszeit herum hat sich im Lauf der
Zeit ein reiches Brauchtum entwickelt. Die adventliche Küche bietet
Christstollen und Weihnachtsgebäck sowie Glühwein und Punsch.
Hölzerne Nussknacker, Räuchermännchen, Bergmannsfiguren, Weih-
nachtskrippen, Spieldosen, aus Pfefferkuchen gebackene Hexen-
häuschen, Weihnachtspyramiden, Weihnachtssterne und Engel sind
Vorboten des bevorstehenden Weihnachtsfestes. In den Vorgärten
werden Lichterketten montiert, in den Fenstern traditionelle Schwib-
bogen aus dem Erzgebirge aufgestellt. Der traditionelle Adventskranz
und -kalender sind noch relativ jung. Der Hamburger Theologe und
Wegbereiter der Diakonie, Johann Hinrich Wichern, ließ 1839 in dem
von ihm gegründeten „Rauhen Haus", einem Heim für verwahrloste
Kinder und Jugendliche, einen großen hölzernen Kranz mit Kerzen
für jeden Adventssonntag aufhängen. Adventskalender wurden erstmals um 1900 in größerer Auflage in München produziert.

Adventszeit: Sehnsucht nach mehr Ruhe

In den vergangenen Jahren ist bei vielen Menschen die Sehnsucht
nach mehr meditativer Ruhe in der Adventszeit gewachsen. Dies ist
auch eine Reaktion darauf, dass oft schon Anfang oder Mitte November Straßen und Geschäfte weihnachtlich geschmückt sind. Worauf
sollen sich die Menschen noch freuen, wenn der Spekulatius schon

seit Wochen auf dem Tisch steht? Dies fragt die Aktion „Advent ist im Dezember", eine Initiative von evangelischen Kirchen in Deutschland. (www.anderezeiten.de; www.Advent-ist-im-Dezember.de). Da prallen völlig unterschiedliche Interessen aufeinander. Ganz säkular und nüchtern weist der Einzelhandel auf die existenzielle wirtschaftliche Bedeutung des wichtigen Vorweihnachtsgeschäfts hin. Die Geschäfte sind angewiesen auf die umsatzstärksten Monate im Jahr und versuchen, den lukrativen Zeitraum möglichst weit auszudehnen. Im Übrigen verlangten viele Kunden schon lange vor Dezember nach Christbaumkugeln oder Lametta, gibt der Einzelhandel zu bedenken.

Es ist also offenbar auch ein Versäumnis der Kirchen, wenn der religiös geprägte Umgang mit den christlichen Feiertagen nicht mehr wie früher in der Öffentlichkeit präsent ist. In einer Zeit, in der ohnehin alles schnell gehen muss, ist der Advent für viele Menschen eine Herausforderung: Wie kann man nun auch noch besinnlicher leben in den wenigen Wochen vor Weihnachten, in denen so viel mehr besorgt, gekauft, organisiert und gefeiert werden muss als sonst im Jahr? Wen wundert es, dass die Menschen ausgerechnet in der traditionell stillsten Zeit des Jahres in Hektik geraten. Oder ist diese Umtriebigkeit manchen ein willkommener Schutzwall? Vielleicht ist der Festtagsstress und Konsumrausch Flucht vor einer tiefer liegenden Sehnsucht nach dem Heil der Seele, vermuten Seelsorger. Die Adventszeit verspricht ein solches Heil. Dies wird deutlich in der zeitlichen Einbettung von Weihnachten, dem Beginn des neuen Kirchenjahrs unmittelbar nach dem Ende der Trauer- und Totentage im November und vier Wochen vor dem Christfest. Aber dieses Heil setzt Ruhe und das Besinnen auf sich selbst voraus. Und das fällt vielen Menschen schwer, macht ihnen sogar Angst. Die vier Adventssonntage stimmen nicht nur auf die wachsende Nähe Gottes zu den Menschen ein, für die die Geburt Jesu an Weihnachten steht. Der Advent lädt auch ein zu innerer Wandlung und seelischer Reifung. Dies gerät jedoch oft in Vergessenheit. „In der Geburt Jesu feiern wir unsere göttliche Geburt", formuliert es der

Benediktinermönch und Zen-Meister Willigis Jäger. Erst wer still wird und den Geist zur Ruhe bringt, kann auch die Unrast seiner Gedanken besänftigen – nicht nur vor Weihnachten.

Das Weihnachtsfest: Symbol der Wandlung

Die Kirchen feiern an Weihnachten die „Menschwerdung Gottes". Nach christlicher Lehre und Glauben wird Gott in dem Kind Jesus von Nazareth Mensch. Und so ist Weihnachten auch ein Kinderfest. Es ist das Fest der Geburt von Jesus Christus, den die Christen als ihren Erlöser verehren. Advent und Weihnachten wurden als christliche Jahresfeste erst im vierten Jahrhundert eingeführt. Etwa 300 Jahre nachdem er gelebt hatte, begannen die Christen damit, Jesu Geburt zu feiern. Das belegen frühe Textfunde auf Papyrus. Eine Art Liedblatt aus dieser Zeit weist auf eine Gottesdienstfeier zur Erinnerung an die Geburt Jesu hin. Heute gehören die Gottesdienste an Heiligabend und an den Weihnachtsfeiertagen zu den am besten besuchten kirchlichen Feiern im Jahr. Im Mittelpunkt steht dabei die Weihnachtsgeschichte aus dem Lukasevangelium. Eines der bekanntesten Weihnachtslieder hat der 1607 geborene protestantische Liederdichter Paul Gerhardt 1653 veröffentlicht. Es wurde 1736 von Johann Sebastian Bach vertont: „Ich steh an deiner Krippen hier, o Jesu du mein Leben; ich komme, bring und schenke dir, was du mir hast gegeben…" In fast allen Kirchen steht ein großer Tannenbaum mit seinen Lichtern und grünen Zweigen für die Hoffnung auf die Bewahrung des Lebens trotz der Dunkelheit und Kälte des Winters. Eine Krippe mit den Figuren der Weihnachtsgeschichte soll die in der Bibel geschilderten Ereignisse vor rund 2000 Jahren vor allem den Kindern anschaulich vor Augen führen. Das festliche Essen, die Geschenke und das gemeinsame Feiern sind ein Symbol für die Zusammengehörigkeit der gesamten Christenheit, die weltweit gemeinsam an den Beginn ihrer Religion erinnert. Ein Teil der orthodoxen Christenheit – vor allem die Russen und Serben – feiert aufgrund verschiedener Kalenderberechnungen meist eine Woche nach Neujahr Weihnachten.

Das Weihnachtsfest erinnert an einen uralten Menschheitsmythos: Ein Held und Retter kommt trotz massiver Widerstände und unter geheimnisvollen Begleitumständen zur Welt. In den Erlösungsmythen fast aller Völker findet sich eine ähnliche Dramaturgie wie in der Geburtsgeschichte Jesu. Diese Erzählungen von einer wunderbaren Geburt, einer darauffolgenden Gefährdung und Rettung eines für die Welt bedeutenden Menschen beschreiben Tiefenpsychologen als Ursymbol des „göttlichen Kindes". Ein Beispiel ist der um 450 vor Christus geborene buddhistische Religionsstifter Siddharta Gautama, später genannt der „Buddha", der Erleuchtete oder Erwachte. Um seine Geburt ranken sich zahlreiche Legenden von wundersamen Begebenheiten. Seine Mutter Maya brachte ihn im heutigen Nordindien zur Welt. Heute folgen der Lehre des Buddha von der Erlösung irdischer Leiden zwischen 350 und 500 Millionen Anhänger.

Das Motiv der Bedrohung eines göttlichen Kindes findet sich auch in der Sagenwelt, zum Beispiel in der Überlieferung um den griechischen Göttervater Zeus. Nicht vor einem kindermordenden Herodes, sondern vor seinem kinderfressenden Vater Kronos rettete seine Mutter Rhea ihr einziges Kind. Nach der Sage lohnte sich die Mühe: Zeus entwickelte sich zu einem menschenliebenden Gott und reformierte den Olymp. Tiefenpsychologen lehren, dass bei schweren seelischen Krisen in Träumen nicht selten sinnbildhaft ein göttliches Kind auftaucht. Dies sei ein Symbol für Wandlung, ein zeitloses und kulturübergreifendes Grundmuster der menschlichen Psyche. Dieses Urbild schlummert in der tieferen Natur des Menschen. Es erwacht vor allem bei Problemen, die der Mensch aus eigenen Kräften nicht zu lösen vermag, lehren Seelenkundler. Das Symbol des göttlichen Kindes ist ein Ausdruck für die ungelebten Bereiche der Seele und für das eigentliche Leben, nach dem sich die Menschen im Grunde ihres Herzens sehnen. Psychologen ermutigen dazu, es zu wagen, seine

Träume gegen alle Vernunft und gegen alle Gewohnheiten zu leben. Dann könne dieses göttliche Kind im Menschen lebendig werden und neue Energie geben. Wer hingegen die kindlichen Anteile in seinem Inneren nicht annimmt, verspielt eine wesentliche Chance zur Erneuerung seines Lebens, warnen Lebensberater. Für eine zunehmend pessimistische und müde Kultur könnte auch das von den Kirchen oft lustlos überlieferte Gottesbild verantwortlich sein. Gott ist aber nicht müde und alt, kontrollierend und richtend, sondern spontan, spielerisch und voller Überraschungen, werben seit Jahrhunderten die Mystiker. Nur wer ein inneres Leben in sich wahrnimmt, kann auch die kindlichen Komponenten seiner Seele zum Wachsen bringen, betont etwa der Psychotherapeut und katholische Theologe Eugen Drewermann. Die inneren Regungen, Stimmungen, Wünsche und Empfindungen dürfen nicht totgeschwiegen werden: im Gegenteil, das innere Leben ist wichtiger als alles, was sich außen abspielt.

Quellen der Spiritualität

Weihnachten kann in der Seele heilende Kräfte freisetzen – darüber sind sich Seelsorger und Psychologen einig. Das Symbol der Geburt Jesu weist als „Licht der Welt" auf schlummernde, aber wichtige Anteile der Seele hin. Es kann den Zugang zu verschütteten Quellen der eigenen Spiritualität öffnen. Auch die Menschen, die gegenüber Religion skeptisch eingestellt sind, sehnen sich wieder nach Ganzheit und einem schöpferischen Umgang mit den im un- oder überbewussten Teil ihrer Psyche verborgenen Schätzen, wie etwa Freude, Kreativität und Schaffenskraft – und dies nicht nur an den Feiertagen rund um die Jahreswende. Die im Zentrum der Heiligen Nacht stehende Geburt des Jesuskindes ist ein starkes Symbol für Neuanfänge im Leben. So taucht in Träumen das Bild einer Geburt bei anstehenden Richtungswechseln im Leben auf – sowohl in Partnerschaften und im Beruf oder als Ankündigung von kreativen Gedanken, immer da,

wo ein neues Ziel im Leben entsteht. Doch seelische Verwandlungs-
prozesse sind langwierig. Auf dem Lebenshilfemarkt werden zum
schnellen Einstieg Minimalprogramme zur Meditation angeboten:
Stehenbleiben, Innehalten, Atemholen. Gegen Stress und Hektik werden kleine Rituale und Übungen empfohlen. Erst wenn man sich
etwa still vor eine Kerze setzt, spürt man auch seine eigene innere
Unruhe und erlebt das Karussell der Gedanken, die nicht zur Ruhe
kommen wollen. Sinnvoll sind auch die Reduzierung des Medien-
konsums und regelmäßige heilsame Unterbrechungen des Alltags.
An Weihnachten könnte das konkret heißen, sich vom Zwang zum
gegenseitigen Beschenken zu befreien oder statt des aufwendigen
Festschmauses einfach mal nur Kartoffelsalat mit Würstchen zu ser-
vieren, wie es in vielen Familien bereits Brauch ist. Eine ungewöhn-
liche Freude kann eine Waldweihnacht mit einem in freier Natur
geschmückten Baum bereiten.

Das Besondere an der christlichen Botschaft ist, dass an Weih-
nachten nicht nur die Lichtseiten des Lebens betont werden. Dies
kommt in der Weihnachtsgeschichte zum Ausdruck: Die Christen
müssen es aushalten, dass Gott in ärmlichen Verhältnissen zu den
Menschen kommt. Dies verweist den Menschen auf sein eigenes
Leben – und womöglich findet man Gott gerade in den finsteren
Seiten, dem Schatten der eigenen Seele. Die Aussöhnung mit dieser
Schattenseite ist eine Lebensaufgabe. Die meditative Stille an den
Feiertagen kann die Kraft zum Neuanfang geben.

Geschmack des Unendlichen

Was ist das Geheimnis von Weihnachten? Es ist die „Wiedergeburt
der Welt", schreibt im Dezember 1805 Friedrich Daniel Ernst Schleiermacher (1768 – 1834) in seiner Erzählung „Die Weihnachtsfeier". Der
große evangelische Theologe und Philosoph bezeichnet Weihnachten
als Gesamtkunstwerk, in dem sich echte religiöse Gefühle, Musik und

Kultur verbinden. Selbst Geschenke sind für ihn in dieser Zeit unverzichtbar als Symbole der gegenseitigen Zuneigung. Das Christfest erinnert sogar besser an die Botschaft Jesu als die Bibel, so Schleiermacher vor rund 200 Jahren. Der in Breslau geborene „protestantische Kirchenvater" des 19. Jahrhunderts hat Brücken zwischen Vernunft und Glaube sowie zwischen Rationalismus und Mystik geschlagen. Religion vermittelt seiner Ansicht nach einen „Sinn und Geschmack für das Unendliche". Dieses „Unendliche" wird an Weihnachten für alle Sinne greifbar. Der Religion ist die Musik am nächsten verwandt, erklärt er zum Thema Weihnachtslieder. „Jedes schöne Gefühl tritt nur dann recht vollständig hervor, wenn wir den Ton dafür gefunden haben, nicht das Wort." Das tiefste religiöse Empfinden sei ohnehin nicht in Worte zu fassen. In seiner „Weihnachtsfeier" verteidigt Schleiermacher die oft umstrittene Praxis des Schenkens. Das „große Geschenk" Gottes an die Menschheit – die Geburt Jesu als „Heil der Welt" – spiegelt sich in den unter dem Weihnachtsbaum ausgetauschten kleinen Gaben. Sie stehen für Zuneigung, und dieser Umstand harmoniert damit, dass Weihnachten mit seinem gefühlsbetonten Zugang zum Glauben gemäß dem theologischen Klassiker auf vollkommene Weise das Wesen des Christentums ausdrücke.

Keine Angst vor Kitsch

Blinkende Lichterketten in den Vorgärten, dampfender Glühwein auf Weihnachtsmärkten und rührselige Filme im Fernsehen: In der Weihnachtszeit steigt die Sehnsucht nach Seelenwärme, Trost, Romantik und Güte. Besonders in sozial kalten Zeiten beobachten Trendforscher die Sehnsucht nach Ablenkung durch eine Gegenwelt, in der das Gute siegt, Anstrengung belohnt wird und es für jedes Problem eine Lösung gibt. Kurz: Weihnachten ist die große Zeit des Kitsches. Kitsch war immer ein Tabuthema, räumt der evangelische Theologieprofessor und Romanautor Klaas Huizing ein.

Dennoch warnt er besonders die Protestanten davor, aus Angst vor Kitsch jede Form von Sinnlichkeit, Spontaneität und naiver Freude an der christlichen Botschaft aus der Kirche zu verbannen. Katholiken gelten hier traditionell als weniger zurückhaltend. „Pathos ist wichtig", so Huizing. Allerdings kann man einige Weihnachtsrituale heute nur noch ironisch gebrochen zitieren, es sei denn man wolle die oberflächliche Rührung und den Kitsch fördern.

In keinem anderen Land wurde der Kampf gegen den Kitsch so verbittert geführt wie in Deutschland. Wohl deshalb, vermuten Philosophen, weil das deutsche Wesen dazu neigt, höhere und niedere Sphären gegeneinander auszuspielen: Klassik gegen Pop, Literatur gegen Unterhaltungslektüre und Kitsch gegen Kunst. Musik, die man nachsingen kann, mokierte sich der Soziologe und Kulturkritiker Theodor W. Adorno (1903 – 1969), werde zum Kitsch. Ein solcher Kultur- und Kunsthochmut ist inzwischen weitgehend überholt. „Kitsch ist der kürzeste Weg zum Sich-Versöhnen mit den Lebensumständen", gibt der Sprach- und Ästhetikprofessor Burghart Schmidt zu bedenken. Etwas im Kitsch verweist auf „Heimat und Vertrautsein". Dies kann man – trotz allen Misstrauens gegen unechte Gefühle – nicht ablehnen.

Vorbild Heilige Familie?

Die „Heilige Familie" ist das zentrale Symbol für Weihnachten: Maria, Josef und das Kind Jesus als Urbild der Familie schlechthin haben sich in den zurückliegenden 2000 Jahren in das Gedächtnis des größten Teils der Menschheit eingegraben. Diese klassische Form der Rollen von Vater, Mutter und Kind gilt vielen Christen nach wie vor als Leitbild und Gabe Gottes. Das Motiv von Maria, Josef und Jesus gehört zu den „wichtigsten Bildspendern der Kunstgeschichte" – bis zur heutigen Popkultur, lehrt der Literaturwissenschaftler Albrecht Koschorke. Damit hat dieses Motiv nachhaltig die Vorstellungen der Geschlechterrollen der westlichen Welt geprägt. Die in der Bibel geschilderte Heilige Familie hat jedoch nie dem Ideal einer „perfekten Familie" entsprochen. Im Gegenteil: Vor allem Jesus stellt die Familie mit seinem Leben infrage. Auch Jesu radikale Anhänger – ob zu seinen Lebzeiten oder in den Jahrhunderten danach – zerschnitten alle privaten Bande. Um neue geistliche Gemeinschaften zu bilden, verließen sie ihre Heimat und das eigene Volk.

Auch Josef fällt völlig aus dem traditionellen Vaterbild heraus. Da er nach der Tradition nicht als leiblicher Vater gilt und dennoch seine Rolle als Ernährer gewissenhaft erfüllt, stellt er die von Männern geprägte Ordnung der Geschlechter auf den Kopf. Dennoch wird Josef von Nazareth schließlich zum katholischen Heiligen erklärt. Während Josef allerdings nur als Randfigur in dem heiligen Dreierbund erscheint, erbte Maria als jungfräuliche Mutter in der christlichen Tradition die Attribute von Göttinnen. In den vorchristlichen Fruchtbarkeitskulten der Gottheiten Hera, Aphrodite, Artemis, Kybele oder Astarte steht Jungfräulichkeit in keinem Widerspruch zu mütterlicher Fruchtbarkeit, betonen heute vor allem feministische Theologinnen. Jungfräulichkeit habe keinen moralisierenden Beigeschmack und sei vielmehr ein Zeichen für Selbstbestimmtheit.

Ein „schwacher" Adoptivvater, eine unabhängige und selbstständige Mutter sowie ein rebellischer, gegen die Ordnung seiner Zeit ankämpfender Sohn – warum aber bediente sich die christliche Familienideologie eines Vorbilds, das so ausgeprägt familienfeindliche Züge trägt? Koschorke versucht eine Antwort: Gerade weil nach christlicher Überzeugung Gott in Jesus ganz und gar Mensch wurde, gebe es auch in der Heiligen Familie dieses Wechselspiel zwischen heilig und profan, zwischen Transzendenz und reiner Weltlichkeit. Aus dieser Sicht gewinnt die Heilige Familie an Aktualität. In den urbanen Mittelschichten sind Studien zufolge konventionelle Familien inzwischen die Ausnahme, nicht die Norm. Vor diesem Hintergrund wird die Heilige Familie schließlich gar zum verbreiteten europäischen Sozialmodell der Moderne.

*Entrümpelung
der Seele
und Neuanfang*

Jahreswechsel:
Entrümpelung der Seele

Jahreswechsel sind eine Zeit für die Bilanz des eigenen Lebens. Silvesternächte sind zugleich eine Chance zum Neuanfang – auch die Seele muss gelegentlich entrümpelt werden. Doch angesichts von Klimawandel und den negativen Folgen der Globalisierung ist der Gedanke an die nächsten Jahrzehnte mit großer Unsicherheit besetzt. Immer kürzer werdende Halbwertzeiten von Wissen, Gebrauchsgegenständen, Geräten, aber auch von menschlichen Beziehungen lassen die Gegenwart regelrecht schrumpfen. Viele Dinge entsprechen einem vergangenen Stand, ehe man sie wirklich wahrgenommen hat. Oder bleiben ein Buch mit sieben Siegeln. Viele Zeitgenossen leiden etwa unter der Undurchschaubarkeit der Gesellschaft. Selbst der Kauf eines Bahntickets am Automaten wird für viele zum Problem, die Funktionen des Mobiltelefons sind für die meisten nicht mehr zu überschauen und die Fortentwicklung der Technik überschlägt sich: Während ganze Generationen mit der Schallplatte groß wurden, wird Musik inzwischen auf immer neuen Speichermedien angeboten, und was sich in einigen Jahren auf diesem Gebiet tun wird, ist noch gar nicht absehbar.

Der schleichende Abbau des Sozialstaates, die anhaltend hohe Arbeitslosigkeit und die immer häufiger geforderte Flexibilität im Beruf und die damit verbundene Planungsunsicherheit lassen bei vielen Menschen ein Gefühl der Ohnmacht und Bedeutungslosigkeit aufkommen. Auf diese und andere, das Leben prägende Ängste soll der christliche Glauben Antworten finden. Im Idealfall rückt die

Religion letztlich das zurecht, was die Weltgeschichte in Unordnung bringt: Gott soll den alltäglichen Tragödien und Komödien einen letzten Sinn geben. Seine spürbare Nähe soll die Menschen trösten, damit sie ihre eigenen, privaten Lebenskatastrophen ertragen und bewältigen können.

In den Gottesdiensten zum Jahresende suchen die Menschen vor allem den Segen Gottes für einen guten Start in die vor ihnen liegenden zwölf Monate. In den christlichen Kirchen haben sich am Silvesterabend Andachten zum Jahreswechsel durchgesetzt, meistens finden sie eine Stunde vor Mitternacht statt. In vielen Städten beginnen kurz vor 24 Uhr die Glocken der großen Kirchen zu läuten. Auch am Neujahrstag werden Gottesdienste abgehalten.

Der letzte Tag des Jahres verdankt seinen Namen einem Papst aus dem vierten Jahrhundert, Silvester I. Der Bischof von Rom starb am 31. Dezember 335. Später wurde er heiliggesprochen, und so erhielt sein Todestag seinen Namen. Der 1. Januar war bereits im Zuge der Kalenderreform Julius Caesars im Jahr 46 vor Christi Geburt als Jahresbeginn bestimmt worden. Schon früh wurde der Jahreswechsel von rituellen Festen und Volksbräuchen begleitet. Böse Geister des vergangenen Jahres sollten durch Lärm vertrieben werden. Mit Blick auf das kommende Jahr wurde die Zukunft gedeutet. Beide Traditionen leben in Feuerwerken, Horoskopen und Bleigießen bis heute fort. Der „gute Rutsch" als Silvestergruß geht auf den hebräischen Begriff „rosch" zurück, was „Kopf" oder „Anfang" bedeutet. Der „gute Rutsch" ist so wortwörtlich der Wunsch eines guten Beginns.

Apokalypse – keine Fakten, eine Stimmung

Das Christentum ist eine Religion, die der Zukunft gegenüber optimistisch eingestellt ist. Dennoch finden sich in der Bibel auch etliche Endzeitvisionen. Auch nach dem katholischen Glauben müssen wir mit einem endgültigen Ende der Welt – so, wie wir sie kennen – rechnen. Das sichtbare Universum sei dazu bestimmt, „umgewandelt" zu werden, die Erde verliere am Ende der Zeit ihre sichtbare Gestalt. Auf Spekulationen will man sich wie beim Zeitpunkt des Jüngsten Gerichts freilich nicht einlassen: „Der Vater allein weiß den Tag und die Stunde", heißt es tröstlich in dem noch von dem 2005 gestorbenen Papst Johannes Paul II. autorisierten katholischen Weltkatechismus.

Dagegen ärgert sich der Theologe und frühere katholische Priester Eugen Drewermann, es sei überhaupt nicht einzusehen, warum Christen ewig auf das „Reich Gottes" warten sollten. Dieses breche nicht in ferner Zukunft an, sondern sei seit Jesu Zeiten für jeden Einzelnen zum Greifen nah. Gleichwohl scheinen die Kirchen – ob katholisch oder evangelisch – nicht gerade unglücklich darüber zu sein, dass sich seine Verwirklichung seit zweitausend Jahren verzögert. So haben sie mehr Raum, als wenn Gott sich „nicht ein wenig verschlafen hätte". Am Ende der Bibel steht das Buch der Offenbarung des Johannes oder die „Apokalypse". Das Wort Apokalypse kommt aus dem Griechischen und bedeutet Enthüllung. Die Apokalypse der Bibel enthält die Vision des Weltendes oder Weltuntergangs – allerdings nicht im Sinne eines endgültigen Endes und freilich ohne eine Zeitangabe. Die Offenbarung des Johannes berichtet vielmehr von einer neuen oder verwandelten Welt. Dazu soll die endgültige Zukunft der Weltgeschichte aufgedeckt werden.

Apokalyptisches Denken ist nach Ansicht von Historikern vor allem ein Phänomen von Krisenzeiten. Besonders in Zeiten gesellschaftlicher oder politischer Umbrüche tauchen apokalyptische Szenarien auf, die zwar Schreckensvisionen verbreiten, den Menschen aber auch Hoffnung in ihrer Not vermitteln sollen. Die Welt wird danach von Gott von Grund auf verwandelt. Das Böse soll keine Macht mehr über die Menschen bekommen. Jüdisch-christliche Apokalyptik hofft darauf, dass Gott der sozialen, wirtschaftlichen, politischen und religiösen Gewalt ein Ende setzt. Für Endzeitpropheten gibt es an der Gegenwart nichts mehr zu retten. Neues kann danach nur durch die totale Zerstörung entstehen. Der frühere katholische Limburger Bischof Franz Kamphaus hielt einmal dagegen: „Unser Gott will Leid und Not ausdrücklich nicht!" In der Not, die es ja dennoch gibt, liege die Chance für die Menschen, beten zu lernen und Gott neu für sich zu entdecken. Auch das Christentum hat sich ursprünglich aus apokalyptischem Denken heraus entwickelt.

Apokalyptik ist jedoch kein Phänomen der Vergangenheit. Heute reicht das Spektrum Endzeit-Bewegter von radikalen Sekten über Esoteriker, der Mythologie der Rechten bis hin zu kirchlichen Randgruppen charismatischer oder fundamentalistischer Prägung. Schätzungen zufolge sollen allein in Deutschland zwei bis vier Millionen Menschen für Aussagen von Weltuntergangspropheten empfänglich sein. Ob durch einen aus dem All heranrasenden Meteoriten („Armageddon – das jüngste Gericht", USA 1998), eine Invasion technisch hochentwickelter Aliens („Independence Day", USA 1996), einen dramatischen Kälteeinbruch („The Day after Tomorrow", USA 2004) oder durch eine riesige Flutwelle („Deep Impact", USA 1998): die US-amerikanische Kinoindustrie verbreitet erfolgreich diverse Szenarien von der drohenden Vernichtung der Menschheit. Vor dem Hintergrund atomarer Bedrohung und ökologischer Gefahren ist apokalyptisches Denken auch in Teilen der Friedens- und Umweltschutzbewegung zu finden. Dort sind die Horrorszenarien einer atomaren oder ökologischen Katastrophe allerdings nicht mehr mit einer Erlösungsvision verbunden. Hoffnung auf Erlösung oder Rettung vor dem totalen Weltende wird allenfalls für den Fall einer radikalen Umkehr im globalen Bewusstsein und Verhalten versprochen.

Dass die Erde eines Tages untergehen wird, darin sind sich Propheten, Skeptiker und Wissenschaftler allerdings einig: Astrophysiker rechnen damit jedoch erst in etwa 1,2 Milliarden Jahren.

Mit kleinen Pausen zum Glück: Stopping

Gerade rund um den Jahreswechsel wird den Menschen deutlich: Der Umgang mit der Lebenszeit ist eine für viele schwer erlernbare Kunst. „Stopping" heißt eine Lebenshilfetechnik aus den USA gegen Stress und Unzufriedenheit. Die Anwendung ist verblüffend einfach: Die Stopping-Methode wirbt für die heilsame Unterbrechung des Alltags – sei es nur für einen Augenblick oder vielleicht einen ganzen Tag. Was tut man in diesen Pausen? „Nichts, rein gar nichts", erklärt der Entdecker der alten spirituellen Technik, der Lebensberater und Theologe David Kundtz (Berkeley). Ziel ist es, anzuhalten, um dadurch zu seinem wahren Selbst zu kommen, in der Gegenwart „aufzuwachen" und danach bei der Arbeit völlig präsent zu sein. Doch wie „tut" man nichts? Man atmet, geht ohne irgendeine weitere Absicht spazieren, sitzt ruhig da, guckt aus dem Fenster, beobachtet seine Umgebung, trinkt langsam ein Glas Wasser und wird einfach still. Was so einfach klingt, kostet freilich Überwindung. Schließlich ist reines Nichtstun in der westlichen Kultur als Müßiggang oder Faulenzen verpönt. Wenige sind daran gewöhnt. Viele fühlen sich schuldig, wenn sie nicht wenigstens irgendetwas tun. Doch Stopping ist alles andere als Zeitverschwendung und hat nichts mit Faulheit zu tun. Im Gegenteil: Es kann zur kostbarsten Zeit im Leben werden. Ohne solche Aus-Zeiten dämmert die Seele vor sich hin. Der Mensch wird zerstreut und vergisst, was wichtig für ihn ist. In einem solchen Zustand ist das Scheitern von geplanten Projekten – ob beruflich oder privat – programmiert. Wer sich nicht die Zeit zum Innehalten nimmt, wacht irgendwann auf, findet sich zu alt für Veränderungen und meint betroffen festzustellen, dass er sein eigentliches Leben verpasst hat. Doch für Veränderungen ist es nie zu spät. Im Alltag finden sich reichlich Gelegenheiten zum Innehalten: der Weg zur Arbeit etwa. Die Minuten, bis das Wasser kocht oder der Computer hochfährt. Diese stillen Momente und Freiräume sollten nicht auch noch mit Aktivität gefüllt werden. Die ständige Geschäftigkeit und Beschleunigung von Abläufen birgt die Gefahr, sich nachhaltig von den eigentlichen Lebenszielen ablenken zu lassen. Stopping ist keine Meditation und auch nicht Teil einer religiösen Weltanschauung. Dennoch erweitert es die spirituelle Dimension des Lebens und verhilft zu mehr Klarheit der eigenen Gedanken, Ziele und Werte. Schwierig beim Stopping ist allein, lange genug still zu werden, um die daraus erwachsende Kraft zu spüren. Dafür muss man die Aus-Zeiten fest in seinen Alltag einbauen. Als Belohnung erhält man größere Gelassenheit und mehr Freude im Leben.

Die Kunst des richtigen Wartens

Auch das richtige Warten ist eine Kunst. Wer zu lange am Telefon, im Wartezimmer oder Stau warten muss, wird leicht gereizt und ungeduldig. Negative Reaktionen auf kurzfristige Wartezwänge können sogar die Gesundheit beeinträchtigen und langfristig der Seele schaden, warnt der US-amerikanische Psychologe John Selby. Der Fachautor wirbt dafür, aus den „Zeiten des Wartens Zeiten des Handelns" zu machen. Die Menschen können die zahlreichen Wartesituationen nicht abschaffen. Jeder kann jedoch lernen, das Warten von einer negativen in eine positive Erfahrung umzuwandeln. Drei Viertel des Stresses entstehen Statistiken zufolge durch unbegründete Sorgen. Sämtliche Symptome von Aufregung, Sorge und Angst – die mit dem Warten einhergehen können – sind eng mit dem Atmen verknüpft. Wer seine Wahrnehmung bewusst auf die Atmung lenkt, kann das Warten zur wahren Erholungspause gestalten. Grund dafür ist eine automatische Körperfunktion: Sobald wir unsere Anspannung wahrnehmen, reagiert der Körper mit Entspannung. Wer den ständigen Fluss seiner umherschweifenden Gedanken zur Ruhe bringt und nur einen

Augenblick lang still wird, aktiviert damit sein intuitives Denken und lernt, in größeren Zusammenhängen zu sehen. Die höheren Qualitäten des menschlichen Geistes wie intuitive Einsicht und mentale Klarheit kommen nur zum Wirken, wenn der normalerweise tätige Verstand ruhig wird. Die klassische Meditation wirkt nicht allein in stundenlangen kontemplativen Übungen, sondern mit entsprechenden Abänderungen auch beim Warten zum Beispiel vor der Kaufhauskasse. Wartezeit ist also keine vertrödelte Zeit. Man muss diese vermeintlichen Aus-Zeiten aktiv nutzen. In dieser Zeit kann der Lauf des Lebens überprüft und – wenn nötig – geändert werden. Dies funktioniert nicht nur in der Silvesternacht!

Mit den Heiligen Drei Königen auf Spendentour

Knapp 14 Tage nach Weihnachten, am 6. Januar, feiern katholische Christen das Fest der „Heiligen Drei Könige" oder das Dreikönigsfest. Der Tag erinnert an das Jesuskind in der Krippe und damit an das Erscheinen Gottes in der Welt. Daher wird der Tag in der evangelischen Kirche als Epiphanias bezeichnet – abgeleitet von dem griechischen Wort „epiphaneia" für „Erscheinung". Für die katholische Sternsinger-Aktion zu Beginn eines jeden Jahres ziehen Hunderttausende von Kindern als Heilige Drei Könige verkleidet von Haus zu Haus und sammeln Spenden für Projekte zugunsten der armen Länder des Südens. Das ursprüngliche Geburts- und Tauffest Jesu wurde erst im frühen Mittelalter zum Gedenktag für die „Heiligen Drei Könige", die das Jesuskind anbeten. Die sogenannten Heiligen Drei Könige oder Weisen aus dem Morgenland werden im Evangelium des Matthäus erwähnt. Doch dort steht weder, dass sie Heilige waren, auch die Zahl drei wird nicht genannt. Man schließt auf die Zahl drei, weil sie dem Jesuskind drei Geschenke – Weihrauch, Gold und Myrrhe – brachten. Solche wertvollen Geschenke, wurde weiter vermutet, können nur von Königen kommen. In der Legenda Aurea – „Die Goldene Legende", eine Sammlung von Biografien Heiliger in volkstümlicher Sprache des Dominikanermönchs Jacobus de Voragine (1230 – 1298), war das populärste religiöse Volksbuch des Mittelalters – werden sie als Astrologen und Philosophen bezeichnet.

OSTERN

*Wege zur inneren
Freiheit im Denken
und Handeln*

von sechs Sonntagen der Passionszeit und endet am Karsamstag. Als Zeichen der Buße wird in katholischen Kirchen den Gläubigen ein Kreuz aus geweihter Asche auf die Stirn gezeichnet. In den evangelischen Kirchen beginnt am Aschermittwoch die Fastenaktion „Sieben Wochen Ohne", das heißt ohne Alkohol, Süßigkeiten, Nikotin oder Fernsehkonsum. Fasten boomt. Nicht allein aus Gründen der traditionellen Askese in der Passionszeit, in der des Leidens Jesu vor seiner Kreuzigung gedacht wird, sondern aus dem Wunsch nach ganzheitlichem Wohlbefinden verbringen viele Menschen Tage und Wochen fast ohne jede Kalorie. Die klassische Zeit für eine Fastenkur bleibt aber nach wie vor das Ende des Winters und die Wochen vor dem Osterfest im Frühling. Obwohl nicht alle, die ihrem Stoffwechsel einmal Urlaub gönnen, dies aus religiösen Gründen tun, hat die freiwillige Enthaltsamkeit religiösen Ursprung. In den religiösen Traditionen der Menschheit ist Heilfasten ein Weg zur inneren Freiheit und Unabhängigkeit im Denken und Handeln. In praktisch allen archaischen Kulturen kennt man regelmäßige Fastenzeiten. Neben der Bedeutung des Fastens als Opfer und Buße zielte man durch die Drosselung des körperlichen Energiehaushaltes immer auch auf eine Bewusstseinserweiterung ab. So soll der Schweizer Mystiker Nikolaus von Flüe (1417 – 1487) zeitgenössischen Berichten zufolge „zweiundzwanzig Jahre lang bis zu seinem Tode ohne alle Speise als Einsiedler gelebt" haben. Mit der Renaissance verschiedener Naturheilverfahren, die einer naturfremden Lebensweise entgegenwirken wollten, kam auch das Fasten als Therapieform wieder zur Geltung. Gegen Ende des 19. Jahrhunderts griff der amerikanische Arzt Edward Dewey das Heilfasten wieder auf, nachdem es fast 100 Jahre lang fast völlig aus der Heilkunde verschwunden war. Einer der ersten Ärzte in Deutschland, die Fastenkuren praktizierten, war Otto Buchinger (1878 – 1966): Mit mehrwöchigen Fastenkuren will Buchinger sich im Alter von 42 Jahren von einer schweren Gelenkentzündung geheilt haben. 1935 schrieb der ehemalige Marinearzt sein bis heute gültiges Werk: „Das Heilfasten". Gar nichts essen fällt den Menschen leichter, als wenig zu essen. Denn wenn der Körper sich eine begrenzte Zeit lang ausschließlich von seinen eigenen Energiequellen und Reserven versorgt, spürt er auch keinen Hunger mehr.

Ostern – Symbol des Lebens

Ostern ist das älteste und wichtigste Fest der Christenheit. Es wird seit dem zweiten Jahrhundert gefeiert. Der Gottesdienst in der Osternacht oder am frühen Ostermorgen ist das Herzstück des Kirchenjahres. Christen erinnern darin an den Kern des christlichen Glaubens: die Auferstehung Jesu Christi von den Toten nach seinem Leiden und Sterben am Kreuz. Das Osterfest ist ein Symbol für den Sieg des Lebens über den Tod. Gottes Sohn hat den Menschen nach christlichem Glauben durch seine Auferstehung ein Leben nach dem Tod eröffnet. Die Karwoche vor Ostern ist die bedeutendste Woche des Kirchenjahres. Sie beginnt am Palmsonntag, dem sechsten Sonntag der Fastenzeit und Sonntag vor Ostern. Am Gründonnerstag, dem Vorabend des Karfreitags, gedenken die Christen in Abendmahlsgottesdiensten des letzten Mahls Jesu mit seinen Jüngern vor seinem Tod am Kreuz. Dem Neuen Testament zufolge verbrachte Jesus anschließend die Nacht in Todesangst, während seine Jünger schliefen. Daran erinnert der Name Gründonnerstag, der sich nicht etwa von der Farbe Grün ableitet, sondern vermutlich vom althochdeutschen „Grunen", dem „Greinen" oder Weinen. Auch die Bezeichnung der Karwoche stammt wohl aus dem Althochdeutschen. „Kara" bedeutet Klage, Trauer, die am Todestag Jesu, am Karfreitag, im Mittelpunkt der Gottesdienste steht. Der Karfreitag galt früher als einer der höchsten Feiertage der evangelischen Christen, weil die Reformatoren vor allem im Tod Jesu die Erlösung aus Sünde und Schuld sahen. In der katholischen und orthodoxen Kirche wird der Triumph der Auferstehung und der Sieg über den Tod an Ostern mit dem liturgisch festlichsten Gottesdienst des Jahres betont. Heute besteht in allen christlichen Konfessionen weitgehend Einigkeit darüber, dass Tod und Auferstehung Christi an Ostern unlösbar zusammengehören und als Ganzes gefeiert werden. In vielen Kirchen werden am Karfreitag um 15 Uhr Gottesdienste begangen, der Tradition zufolge die Sterbestunde Jesu. Der anschließende Karsamstag erinnert an seine Grablegung. Am ersten Tag nach Jesu Tod finden keine Gottesdienste statt. Nach altem Brauchtum werden Kerzen und Blumen von den Altären entfernt, bevor in der Osternacht der Sieg des Lebens über den Tod gefeiert wird. Die Auferstehung Jesu geschah der Überlieferung zufolge vor Sonnenaufgang, die ersten Christen erwarteten die Wiederkunft Christi ebenfalls in einer Osternacht.

Im Jahr 325 bestimmte das Konzil von Nicäa den Sonntag nach dem ersten Vollmond im Frühling als Ostertermin. Der Ort Nicäa liegt in der heutigen Türkei. Damals traf man sich zum ersten Konzil nach dem in der Bibel beschriebenen legendären Apostelkonzil in Jerusalem. Auf der Kirchenversammlung in Nicäa wurde zum ersten Mal in der Kirchengeschichte eine für alle Christen gültige Lehrentscheidung getroffen. Dies hatte nicht nur theologische Gründe, sondern war auch für die damalige politische Situation bedeutend. Das Christentum wirkte stabilisierend auf die Einheit des römischen Reiches. Auf dem Konzil sollte durch die Klärung schwelender Konflikte die Spaltung der Kirche abgewendet werden, die bereits zu diesem Zeitpunkt drohte. Kaiser Konstantin hatte die fast 2000 Bischöfe der damaligen christlichen Kirche eingeladen, rund 300 Bischöfe nahmen die Einladung an. Die verbindliche Regelung für das Datum des Osterfestes war eines der Ergebnisse des Konzils. Seither wird das Auferstehungsfest in den westlichen Kirchen frühestens am 22. März und spätestens am 25. April begangen. Die orthodoxen Kirchen verwenden für die Berechnung des Osterdatums noch den alten julianischen Kalender. Daher feiern orthodoxe und westliche Christen meist an unterschiedlichen Tagen im Jahr.

Die Herkunft des Namens Ostern ist nicht völlig geklärt. Volkstümlich wurde er von der vorchristlichen Frühlingsgöttin „Ostara" abgeleitet. Das Osterfest geht aus einer urchristlichen Passahfeier hervor, die sich aus dem jüdischen Passahfest entwickelte. Trotz der Loslösung vom Judentum blieben wichtige Parallelen bestehen: Passah, die Erinnerung an den Auszug der Juden aus Ägypten, liegt in zeitlicher Nähe zu Ostern. Viele Inhalte des Passahfestes haben ein Gegenstück in der christlichen Symbolik. So erinnert das Osterlamm, das aus dem an Passah geschlachteten Lamm hervorgeht, an das Sühneopfer Jesu.

Der Skandal des Leidens

Mose, Buddha und Mohammed starben der Überlieferung zufolge in vorgeschrittenem Alter und nach Vollendung ihres Lebenswerks. Der Tod Jesu bildet in der Religionsgeschichte dagegen die Ausnahme: Jesus von Nazareth starb etwa 30-jährig und die von ihm ausgehende Bewegung schien mit seinem gewaltsamen Ende zunächst abgeschlossen. Nach Jesu Kreuzigung und seiner von den Jüngern bezeugten Auferstehung an Ostern hat das Christentum jedoch erst richtig begonnen. Heute bezeichnet sich rund ein Drittel der Weltbevölkerung als christlich.

Der Tod Jesu am Kreuz gilt in der historischen Forschung als eines der sichersten Ereignisse in der antiken Geschichtsschreibung. In vielen weiteren nichtchristlichen und christlichen Texten wird Jesu Tod und Todesart bezeugt, wenn sich auch das genaue Jahr nur sehr ungenau bestimmen lässt. „… der unter der Herrschaft des Tiberius durch den Prokurator Pontius Pilatus hingerichtet worden war", schrieb der römische Geschichtsschreiber Tacitus um 120 nach Christus.

Jesu Leiden und Sterben am Kreuz ist das Symbol für den „extremen Skandal ungerechten Leidenmüssens", lehren Theologen. Die Entstehung des Bösen wird nicht in der Bibel erklärt. Aber das stellvertretende Leiden Jesu ist die Antwort des Christentums auf das Leiden in der Welt.

Die historische Person Jesus ist gekreuzigt worden und nicht beim Fischen im See Genezareth ertrunken, betonte Heinz Zahrnt (1915–2003). „Jesu Tod ist die logische Konsequenz seines Lebens", so der evangelische Theologe und Publizist. Es beweist, „dass Gott in der Geschichte niemals aufseiten der Henker, sondern immer bei den Leidenden steht".

Als Jesus Christus starb, bebte die Erde und verfinsterte sich die Sonne, schreiben die Evangelisten Markus und Matthäus. Heute muss jedoch die Frage gestellt werden, ob nicht gerade viele Christen von der Präsenz des Kreuzes so abgestumpft sind, dass sie nicht mehr auf die ständige Gewalt in der Welt achten. Es sei in der Tat merkwürdig, resümiert die englische Krimiautorin und Pfarrerstochter Dorothy Sayers (1893–1957), dass Menschen sich mit Abscheu abwenden, wenn eine Katze einen Spatz totbeißt – dieselben Leute hörten sich jedoch die Geschichte vom Leiden und Sterben Jesu in der Kirche ungerührt an. In der Religionsgeschichte entspricht der Tod Jesu dem Motiv des „besonderen Endes" in antiken und vorgeschichtlichen Legenden und Sagen: In den Mythen besiegt ein sterbender Gott mit seiner Auferstehung den Tod. Etwa der altägyptische Gott Osiris: Der Tod des Osiris gilt als eines der zentralen Ereignisse in der ägyptischen Mythologie. Er wurde der Legende nach von seinem Bruder Seth – der zugleich das Prinzip des Chaos symbolisiert – ermordet und zerstückelt. Die Gemahlin des Osiris, Isis, suchte seinen Leichnam und verhinderte mit Hilfe von Magie dessen Verwesung und Verfall. Die Zerstückelung des Osiris ist auch ein Sinnbild für das alljährliche Mähen und Dreschen von Weizen und Gerste. Man glaubte, Osiris erstehe mit dem Keimen der neuen Saat wieder auf. Auch die Naturgottheiten in den Mythen sind imstande, den Tod zu besiegen und wiederaufzustehen. Im Schamanismus gilt das vorweggenommene symbolische Erleiden des eigenen Todes als Voraussetzung für die Einweihung in die Geheimnisse des Kosmos. In der griechischen Mythologie geht Herakles durch die Selbstverbrennung in das Reich der Götter ein. Auch der indianische Priesterkönig Quetzalcoatl verbrennt sich selbst und verwandelt sich der südamerikanischen Sage zufolge in den Venusstern. Die Beispiele zeigen, das Motiv des besonderen Endes von Göttern oder gottgleichen Wesen ist seit Urzeiten fest im Gedächtnis der Völker verankert. Für gläubige Christen allerdings ist das Leiden und Sterben Christi das zentrale Ereignis in der Geschichte von Mensch und Kosmos. Aber auch im Christentum darf die Kreuzigung Jesu nicht isoliert betrachtet werden, sondern ist allein von der Auferstehung an Ostern her zu verstehen, betonen christliche Theologen seit 2000 Jahren. Jesus Christus habe mit seinem Opfer „unsern Leib und unsere Seele von der ewigen Verdammnis" erlöst, heißt es im protestantischen Heidelberger Katechismus von 1563. Dieses Bekenntnis enthält den Grundgedanken des Christentums über alle Konfessionen hinweg: Im Leben und Sterben Jesu ist „Gott selbst zur Welt gekommen". Einige moderne Theologen versuchen freilich, ohne das Opfertodmotiv auszukommen. Es sei heutigen Menschen nicht mehr zu vermitteln, dass Gott seinen Sohn für die Menschen am Kreuz verbluten ließ. Feministinnen sehen im Kruzifix sogar ein Symbol für männliche Brutalität und Todesverherrlichung. „Gott wird in die Schuhe geschoben, auf Blut zu stehen", schrieb Dorothee Sölle (1929–2003). Es sei aber nicht Gott, so die protestantische Theologin, der dafür sorgt, dass gefoltert werde. Gott habe vielmehr eine besondere Vorliebe für die Benachteiligten. Das Kreuz symbolisiere zweierlei: das Leiden der Schwachen und die Option Gottes für die Ärmsten. Für viele Christen heute liegt die Bedeutung der Botschaft Jesu daher vor allem in seiner intensiven Gottesgegenwärtigkeit: „Der Gott der Liebe leuchtet in Jesus auf." Wenn es Gott aber gibt, warum lässt er die Menschen unnötig leiden und sterben? Die Antwort des Christentums lautet: Gott leidet in Gestalt des gekreuzigten Jesus gemeinsam mit seiner gequälten und geplagten Schöpfung. Das Christentum wurde so zur Religion des Kreuzes und das Kreuz Symbol für Mitleid und Erlösung vom Tod. An kaum einem Tag des Jahres tun sich Pfarrer jedoch so schwer mit der Predigt wie am Karfreitag: Dass das Mysterium vom Tod am Kreuz nur der Erfahrung des Glaubens zugänglich sei, erscheint

vielen als schwaches Argument. Auch die gültige traditionelle Auslegung bleibt für moderne Ohren sperrig: Jesus ist Gottes „Sühnopfer",
das die Menschen mit „seinem heiligen, teuren Blut und mit seinem
unschuldigen Leiden und Sterben" von allen Sünden erlöst und mit
Gott versöhnt. „Welch primitive Mythologie, dass ein Mensch gewor-
denes Gotteswesen durch sein Blut die Sünden der Menschen sühnt!",
räsonierte der berühmte Theologe Rudolf Bultmann (1884 – 1976) in
seinem Werk „Neues Testament und Mythologie" von 1941. Bibel-
wissenschaftler sind sich weitgehend einig: Jesus selbst hätte seinen
eigenen Tod nicht als ein solches Opfer verstanden. Was ist aber der
Sinn dieses Todes? Mit Jesu gewaltsamem Ende ist nicht einfach ein
weltfremder Idealist gescheitert, sind sich Christen sicher. Mit dem
Tod Jesu wird Gott zum „Leidensgefährten" der Menschen, weil er
nicht unberührt bleiben kann vom Leid in der Welt. So lautet einer
der klassischen Versuche einer Antwort auf die – freilich wohl unlös-
bare – Frage, warum Gott nicht eine bessere Welt mit weniger Leid
erschaffen hat. Könnte Gott nicht leiden, widerspräche das zudem
dem Herzstück christlichen Glaubens, der Aussage „Gott ist Liebe".
Seelsorger warnen allerdings davor, die harten Fakten von Kreuz und
Auferstehung als Ursprung des christlichen Glaubens mit der weichen
Sprache religiöser Gefühle zu verharmlosen. Der Leitende Bischof der
Vereinigten Evangelisch-Lutherischen Kirche Deutschlands (VELKD)
und Landesbischof der Evangelisch-Lutherischen Kirche in Bayern,
Johannes Friedrich, fragte 2006 in seiner Karfreitagspredigt: „Kann
ich feiern, dass sich ein Mensch für mich geopfert hat?" Weil Gott aber
keine Opfer wolle, sei der Tod von der Auferstehung Jesu Christi her
zu deuten als Hoffnung und Gewissheit für jeden Menschen: „Wir
alle werden sterben, wie Jesus starb, aber er ist uns vorangegangen
ins ewige Leben und wir dürfen ihm folgen", so Friedrich. Der Bischof der Evangelischen Kirche von Kurhessen-Waldeck, Martin Hein,
bezeichnete den Karfreitag als entscheidenden Wendepunkt für die
Menschheit: „Der Gekreuzigte trägt unsere Schuld, unser Versagen
und unsere Sünde zu Grabe." Der Theologieprofessor Hein unter-

strich, dass das Kreuz dem Glauben durchaus Mühe bereitet. Es habe aber einen guten Grund, dass das Kreuz zum Zeichen des christlichen Glaubens geworden sei – und nicht etwa das leere Grab Christi. Der Kirchenpräsident von Hessen-Nassau, Peter Steinacker, verteidigt die Bedeutung des Kreuzes gegen alle Versuche, es im christlichen Glauben an den Rand zu drängen. Das Kreuz sei gegenüber allen anderen Religionen das Alleinstellungsmerkmal des Christentums. Die Härte und Grausamkeit dieses Mord- und Hinrichtungsinstruments erschrecke viele und werde von manchen als „Teil eines sadistischen Gottesbildes" abgelehnt. Wer aber die Dimension des gewaltsamen Todes Jesu Christi ausblende, der reduziere Jesus auf ein ethisches Vorbild und mache aus „der alles bestimmenden Wirklichkeit Gottes" einen „alles verzeihenden, sentimentalen, harmlosen und der Welt gegenüber ohnmächtigen Gott". Das sei aber nicht der Gott der Bibel und des Glaubens. Steinacker sagt es ganz deutlich: „Die Welt ist hart und keine Seifenoper."

Das Kreuz mit dem Kreuz

Im Mittelalter diente der Kreuzestod Jesu auch als praktische Lebenshilfe: „Wenn dich Schmerzenstage und Krankheit beschweren, denke daran, wie gering das ist im Vergleich mit der Dornenkrone und den Nägeln Christi", predigte etwa Luther. Nach den Katastrophen des 20. Jahrhunderts fand der „Tod Gottes" neue Interpretationen. Das Leiden Jesu ist die Antwort des Christentums auf die Ungerechtigkeit in der Geschichte. Das Kreuz symbolisiert dabei die Zuwendung Gottes zu den Ärmsten der Welt. Für Johann Wolfgang von Goethe war das Kreuz ein „leidiges Marterholz, das Widerwärtigste unter der Sonne". Jesus sollte nicht am Kreuz, sondern als auferstandener Christus dargestellt werden, so der Dichter. In Bayern fürchteten Eltern in den 1990er Jahren, dass ihre Kinder durch Kruzifixe in Klassenzimmern religiös bevormundet würden. Jahrelang versuchten sie, diese per

Gerichtsbeschluss aus den Schulen entfernen zu lassen. Das Bundes-
verfassungsgericht hatte schließlich 1995 in seinem „Kruzifix-Urteil"
abschließend einen Passus des bayerischen Volksschulgesetzes für
rechtswidrig erklärt, der das Anbringen von Kreuzen in den Klassenzimmern von Grund- und Hauptschulen vorschrieb. Der Freistaat
fügte daraufhin dem Gesetz eine Widerspruchsklausel an, nach der
ein Kreuz abgehängt werden muss, wenn ein Schüler oder seine
Eltern „ernsthafte und einsehbare Gründe des Glaubens oder der
Weltanschauung" geltend machen.

Allen Widerständen zum Trotz: Das christliche Hauptsymbol
spielt eine zentrale Rolle in der abendländischen Kultur. Erste Kreuz-
darstellungen finden sich bereits in der Ur- und Frühgeschichte sowie in den verschiedensten Kulturkreisen, etwa auf rund 4000 Jahre
alten jungsteinzeitlichen Tontrommeln. Möglicherweise das erste als
christlicher Kultgegenstand verehrte Kreuz wurde in einem Privat-
haus entdeckt, das in der 79 nach Christus von einem Vesuvausbruch
verschütteten antiken Stadt Herculaneum stand. Im zweiten Jahrhundert verschmolz in der koptischen Kirche Ägyptens die Hierogly-
phe „Anch" – ein Kreuz mit Kreis über dem Querbalken als Zeichen
für Leben – mit dem Christussymbol. Erst nach Abschaffung der
Todesstrafe durch Kreuzigung im Römischen Reich Ende des vierten
Jahrhunderts löste das Zeichen keine unmittelbaren Assoziationen
einer Hinrichtung mehr aus und fand zunehmende Verbreitung. Seit
dem fünften Jahrhundert finden sich Kreuze vermehrt an der nach
Osten ausgerichteten Wand christlicher Häuser sowie in den kreuz-
förmigen Grundrissen der frühchristlichen Kirchen wieder. Vom
Mittelalter bis zur Neuzeit schließlich ist die Kunstgeschichte ohne
das Kreuzmotiv nicht denkbar. Auch zeitgenössische Künstler wurden von dem christlichen Erkennungszeichen inspiriert. Für Joseph
Beuys (1921 – 1986) war ein Kreuz eines der zentralen Motive. Es findet sich in zahlreichen seiner Installationen, Bleistiftzeichnungen
und Grafiken: zum Teil als braunroter Stempelabdruck, als grob zu-
sammengeleimtes Holzgestell sowie als Plastik aus Eisen und Eiche

mit Christuskopf. Für Beuys war es kein Symbol oder Verweis auf ein historisches Geschehen, sondern Zeichen einer stetig anwesenden Gegenwart Christi. Nicht alle modernen Kreuzesinterpretationen stoßen jedoch auf Begeisterung: Der 1938 geborene Maler Georg Baselitz verursachte mit seinem sechs Quadratmeter großen, farbenfrohen „Tanz ums Kreuz" in dem 330-Einwohner-Dorf Luttrum bei Hildesheim ungewollt eine Kirchenspaltung. Der bekennende Atheist hatte der Gemeinde in seiner Nachbarschaft 1992 das Bild mit einem auf dem Kopf stehenden Gekreuzigten geschenkt. Nachdem es in der kleinen Annenkirche platziert wurde, ließen sich rund 100 Luttrumer Bürger aus Protest in umliegende Gemeinden umpfarren.

Viele Künstler haben mit drastischen Kreuzigungsdarstellungen das Leid in vielfältiger Form deutlich zur Sprache gebracht. Das hat ihnen vonseiten der Kirchen oft den Vorwurf der Gotteslästerung eingebracht. Aber nicht die Darstellung, sondern das tausendfache alltägliche Leid in der Wirklichkeit ist die eigentliche Schmähung Gottes, betonen viele Künstler.

Vorbild Hiob?

Wie aber sollen Menschen mit dem Leid umgehen, das ihnen im Leben widerfährt? Ein Beispiel dafür ist die Geschichte von Hiob im Alten Testament. Sie beginnt mit einer Auseinandersetzung zwischen Gott und dem Teufel: Glaubt der vorbildlich fromme Hiob nur an Gott, wenn es ihm im Leben gutgeht? Dies vermutet der Teufel und stellt Hiob auf die Probe. Mit Gottes Zustimmung nimmt er ihm seine Kinder, seine Habe und schlägt ihn mit bösen Geschwüren. Doch trotz dieser „Hiobsbotschaften" hält er an Gott fest. Das Drama aus dem Alten Testament gehört zur Weltliteratur. Zugleich diente es Generationen von Philosophen und Dichtern als Anregung. Seit Jahrhunderten beten Menschen in Not und Verzweiflung mit den Worten Hiobs: „Jetzt aber zerfließt meine Seele in mir, und Tage des Elends haben mich ergriffen." Hiobs Geschichte zielt auf die ewig aktuelle Frage nach dem Sinn des Leidens. Er wurde so auch zur Symbolfigur für das Schicksal des jüdischen Volkes. Hiob weiß, dass das Leben nicht fair ist und auch „guten" Menschen Schlimmes widerfährt. Viel mehr ärgert ihn jedoch, wenn „schlechte" Menschen ein gutes Leben haben: „Warum bleiben die Gottlosen am Leben, werden alt und nehmen zu an Kraft?" Hiob wandelt sich immer mehr vom frommen Dulder zum Rebellen. Er fordert Gott zu einem Rechtsstreit heraus. Gott selbst antwortet Hiob aus einem Sturmwind heraus und weist ihn zunächst in seine Schranken: „Wo warst du, als ich die Erde gründete? Sage mir's, wenn du so klug bist!" Der gequälte Hiob gibt nicht auf. Er stellt das bisherige „vernünftige" Gottesbild in Frage. Er fängt an, Gott als einen Herrscher über eine chaotische Welt zu verstehen. Er hört nicht auf seine Frau, die ihn bedrängt: „Hältst du noch fest an deiner Frömmigkeit? Sage Gott ab und stirb!" Hiob tröstet sich: „Haben wir Gutes empfangen von Gott und sollten das Böse nicht auch annehmen?"

Die Hiobgeschichte entstand in den langen Jahrhunderten vor Christi Geburt aus orientalischer Weisheitsliteratur, die Eingang in die hebräische Bibel gefunden hat. Das Buch Hiob schildert eine mystische Gotteserfahrung, die bohrende Fragen nach dem Sinn des Leidens hinter sich lässt. Solche Gotteserlebnisse können rational nicht mehr gedeutet werden, lehrte der Tiefenpsychologe C. G. Jung (1875 – 1961) in seiner berühmten „Antwort auf Hiob".

Die Hiobgeschichte selbst geht indes gut aus: „Und der Herr gab Hiob doppelt so viel, wie er gehabt hatte." Weiter wurden ihm sieben Söhne geboren und drei Töchter. Er nannte sie Täubchen, Zimtblüte und Salbhörnchen, denn „es gab keine so schönen Frauen im ganzen Land". Hiob lebte laut Bibel noch hundertundvierzig Jahre und „starb alt und lebenssatt".

Trotz dieses Happy Ends stellt sich die Frage: Lehrt Not beten? Und sie wird besonders nach großen Katastrophen wie den Anschlägen auf die USA vom 11. September 2001 aktuell. US-Präsident George W. Bush rief damals einen „Tag des nationalen Gebets" in den

Vereinigten Staaten aus. Zugleich füllten sich weltweit die Kirchen. Viele Menschen suchten einen religiösen Ausdruck für ihre Trauer und ihr Entsetzen. Theologen werten dies nicht als Heuchelei oder Scheinheiligkeit. Notfallsituationen seien vielmehr Schnittstellen des Lebens, an denen Sinn und Wertfragen aufbrechen. Not lehrt so tatsächlich beten. Wer allerdings meint, den Leuten müsse es erst wieder so richtig schlechtgehen, bevor sie auf den „Pfad der christlichen Tugend" zurückkehren, verfehlt und bagatellisiert die tiefe Wahrheit dieses Satzes. Not, Leiden und Tod sind ein zentrales Thema der Religionen. Existenzielle Erschütterungen können eine Chance zu seelischer Reife und Wachstum sein. Um am Leid nicht zu zerbrechen, muss ein Mensch lernen, es zu akzeptieren. Ziel ist es, das Urvertrauen in das Leben wiederzugewinnen.

Österliche Symbole

Die Geheimnisse des Christentums erschließen sich eher durch Bilder und Riten als durch Worte. In den Symbolen des christlichen Jahreskreises wird das Göttliche zur lebendigen Erfahrung – vor allem Ostern, das wichtigste Hochfest der Christenheit, hält Heilkräfte für die Seele bereit. Goethe warnte davor, Symbole als nebulösen Traum oder Schatten abzutun. Für den Dichter waren sie vielmehr konkrete Phänomene, sogar eine „Offenbarung des Unerforschlichen". Im Osterbrauchtum haben sich Frühjahrs- und Fruchtbarkeitsriten, die bereits mehrere tausend Jahre vor der Geburt Jesu Christi entstanden, mit der christlichen Liturgie der alten, noch weitgehend ungetrennten Kirche vermischt. Viele dieser Traditionen erfahren heute eine Renaissance. So werden in Kirchengemeinden immer häufiger feierliche Taufen in der Osternacht angeboten. Das Holen des Taufwassers aus einem Bach, Brunnen oder einer Quelle in der Nacht von Karsamstag auf Ostersonntag findet auch zunehmend bei Protestanten Anhänger. Der Brauch verweist auf vorchristliche Zeiten, in denen das in der Frühjahrsnacht geschöpfte Wasser Augenleiden, Ausschlag und andere Krankheiten heilen sollte. Das heilige Nass bewahrt der Überlieferung zufolge ein ganzes Jahr lang Mensch und Vieh vor Krankheiten oder Unglücken. In einigen Regionen Deutschlands wird aus Dankbarkeit für die heilenden Kräfte des Wassers der Brunnen im Dorf mit Osterschmuck verziert. Der in Trier geborene Bischof und Kirchenvater Ambrosius von Mailand (um 340 – 397) bezeichnete Wasser als „Gnadenmittel Christi", das alles abwäscht und selbst nicht gewaschen werden muss. Moderne Seelsorger ziehen hier eine tiefenpsychologische Verbindung zwischen der Leidenszeit von Karfreitag und Ostern als dem Ende der Trauer. Nach den vielen Wochen des Leidengedenkens und der Passion ist mit Ostern ein Gegengewicht der Freude nötig.

Ostern ist die Feier des Lebens. Mit der in der Bibel beschriebenen Auferstehung Jesu wurde deutlich, dass es auch mitten aus dem Tod einen neuen Aufbruch geben kann: Davon künden ganz plastisch auch Osterhase, Osterei und Osterfeuer. Der Hase gilt seit alter Zeit als Symbol für Lebendigkeit, Freude und Fruchtbarkeit. Er war das heilige Tier der germanischen Frühlingsgöttin Ostara. Im chinesischen Mondkalender beginnt mit dem Monatstier Hase der Frühling. Im alten Ägypten begleitete ein Hase die Göttin Unut. Dem antiken Schriftsteller Plutarch zufolge waren Hasen wegen ihrer Schnelligkeit und ihrer vorzüglichen Sinnesorgane eine Allegorie des Göttlichen. Der Osterhasenbrauch wurde in Deutschland erstmals Ende des 17. Jahrhunderts erwähnt. Vor noch rund hundert Jahren waren Legenden lebendig, nach denen in der Region Hannover der Fuchs die Eier gebracht hat. In anderen Gegenden war es der Storch oder der Kuckuck.

Das Ei hatte in der Geschichte der Menschheit viele verschiedene Bedeutungen. In alten Kulturen war es nicht nur Nahrung, sondern Zeichen für neues Leben und Reinheit. Über Umwege wurde es zu einem der wichtigsten Sinnbilder für die Osterzeit. Christen sehen im Ei auch ein Gleichnis für das verschlossene Grab, in welchem neues Leben keimt – ein Hinweis auf die Auferstehung Christi. Im Mittelalter wurden unter anderem mit Eiern Pacht und Zinsen bezahlt. Einer der Zahltermine im Jahr war das Osterfest. Eier findet man als Beigabe in antiken Gräbern. Auf die lange Tradition des Bemalens von Eiern schließt ein entsprechender Grabfund aus dem vierten Jahrhundert nach Christus. Ursprünglich färbten Christen die Ostereier wohl nur rot, denn die Farbe Rot steht für Leben, Geburt, Freude, Feier und Sieg. Zu Ostern spielt auch das Licht eine zentrale Rolle. Eine alte christliche Tradition, in der evangelischen Kirche lange Zeit vergessen, wird seit einigen Jahren neu belebt: die Osternachtfeier. In diesem Frühgottesdienst wird der Übergang vom Dunkel der Nacht zum Licht des Tages zelebriert – mit vielen Kerzen und einer stimmungsvollen Liturgie. In vielen Gemeinden wird am Ostermorgen mit dem Ruf „Christ ist erstanden" die brennende Osterkerze in das dunkle Kirchenschiff getragen. Oftmals entzünden im Anschluss Gottesdienstbesucher eine kleine Kerze an dieser Flamme und reichen das Feuer von Bank zu Bank, bis die Kirche vom Kerzenschein erstrahlt. Anschließend wird gemeinsam gefrühstückt.

Österliche Traditionen: Feuer, Räder, Lachen

Besonders in den südlichen deutschsprachigen Gebieten wird mit großen Osterfeuern aus Holz- und Reisigbündeln der Sieg der Sonne über den Winter und das Erwachen der Natur nach der langen, kalten Jahreszeit zum Ausdruck gebracht. Mit dem Feuer wird zugleich an das Kommen Christi als das Licht der Welt erinnert. Unter anderem in der hessischen Region um Melsungen gibt es die Tradition der brennenden Osterräder, die von einem Hügel ins Tal hinabgerollt werden. Heidnischen Ursprungs, steht das Feuerrad als Sinnbild für die Sonnenscheibe. Das Licht in der Dunkelheit symbolisiert den einziehenden Frühling. Eine kaum mehr bekannte Ostertradition ist das Osterlachen, dessen Herkunft im Dunkeln liegt. Christen versammelten sich dazu am Ostermorgen vor dem Gottesdienst in der Kirche und lachten gemeinsam den Tod aus oder der Pfarrer versuchte in seiner Predigt an Ostern, die Gottesdienstgemeinde zum Lachen zu bringen. Belege dafür gibt es seit dem 14. Jahrhundert. Das Osterlachen sollte den Sieg Jesu Christi über den Tod symbolisieren. Mit diesem Ritus wurde zugleich der besiegte Satan verspottet. Den Sieg des Lebens über den Tod feiern auch Christen der aus der evangelischen Erweckungsbewegung stammenden weltweiten Herrnhuter Brüdergemeine, indem sie den Ostermorgen an den Gräbern ihrer Ahnen auf dem „Gottesacker" erwarten.

Streit um Ostern

Die Botschaft von Ostern – des bedeutendsten und ältesten Feiertags im Christentum, des Sinnbilds für Erlösung, den Sieg über den Tod und neues Leben – hören in jedem Jahr viele Menschen. Einigen aber fehlt der Glaube. Bischöfe und Pastoren sollten in ihren Passions- und Osterpredigten Jesus nicht zu einer „Gestalt aus der Märchenwelt" machen, forderte etwa der streitbare Göttinger Theologieprofessor Gerd Lüdemann. Die Botschaft von der Auferstehung sei eine „Vision" der Jünger und widerspreche „unumstößlichen wissenschaftlichen Einsichten", attackiert er das Herzstück des christlichen Glaubens. Für das „Enfant terrible" der Theologieszene der 1990er Jahre ist die körperliche Auferstehung Jesu „Humbug". Für den Neutestamentler war das Grab am Ostermorgen „voll" und Jesu Leichnam verfiel schließlich zu Staub. „Jesus von Nazareth, nicht der auferstandene Christus", sei die „Norm des Christlichen". Überhaupt sei die historische Person Jesus über weite Strecken des Neuen Testaments bis zur Unkenntlichkeit entstellt worden. Nur an wenigen Stellen lasse sich noch ein schattenhafter Umriss seiner Person erahnen. Als Konsequenz verabschiedete sich Lüdemann vom Christentum. Jesus bedeute ihm religiös nichts mehr, erklärt der 1946 geborene Theologe. Wegen seiner Angriffe auf Kirche und Theologie musste er an der Universität

Göttingen seinen Lehrstuhl für Neues Testament abgeben. Danach lehrte er das für ihn neu eingerichtete Fach „Geschichte und Literatur des frühen Christentums". Amerikanische Religionswissenschaftler hatten den Umgang mit Lüdemann in Deutschland als groben Eingriff in die Freiheit von Lehre und Forschung verurteilt.

Doch die moderne Naturwissenschaft ist längst kein Widerspruch mehr zu den apostolischen Zeugnissen und Bekenntnissen der Kirche. „Es gibt keine Auferstehung der Toten" wurde bereits Mitte des ersten Jahrhunderts behauptet. „Ist aber Christus nicht auferstanden, so ist unsere Predigt vergeblich, so ist auch euer Glaube vergeblich", lautete die energische Antwort des Apostels Paulus an die christliche Gemeinde in Korinth. „Das ist gewisslich wahr", unterstrich Luther. Es darf bezweifelt werden, dass die Aussage „Jesus ist auferstanden" heute überhaupt mit dem Verstand zu begreifen ist. Der Osterglaube und die Botschaft von einer bevorstehenden eigenen Auferstehung gilt den meisten als nicht mehr nachvollziehbare Aussage. Im Gottesdienst können diese Glaubensinhalte allerdings zu einer wahren „Erfahrung" werden, die man sich gegenseitig bestätigt, betonen gläubige Christen. Der Osterglaube lässt sich nur bezeugen, nicht beweisen, bekräftigt der Bischof der Evangelischen Landeskirche in Baden, Ulrich Fischer: „Jesus Christus ist gestorben und auferstanden", dieses Bekenntnis, einer der ältesten Texte des Neuen Testaments, stehe am Anfang des österlichen Glaubens. Osterglaube gründe sich damit nicht auf äußerliche Beweise, sondern auf die lebensschaffende Kraft der Begegnung mit Gott. Selbst offenkundige Beweise hätten nicht die Kraft, Menschen zum Glauben an den Auferstandenen zu führen. Auch die Bibel will keine Beweise liefern, sondern bezeugt Erfahrungen, in denen sich das Leben der Menschen durch die Begegnung mit dem auferstandenen Christus verändert hat: „Kranke erhalten Kraft, ihre Krankheit zu tragen, Traurige werden fröhlich, Zweifelnde beginnen zu glauben, Hoffnungslose lernen wieder lachen und schöpfen Kraft", bekräftigt Fischer. Osterglaube sei damit zwar nicht beweisbar, „und doch ist er eine Wirklichkeit, eine uns verändernde Wirklichkeit."

Zwischen Thriller und Wissenschaft

Doch viele Gläubige werden immer wieder durch neue Publikationen verunsichert. In Thrillern wie Dan Browns „Sakrileg" oder in Bestsellern wie „Die Gottes-Macher" des britischen Autors Michael Baigent heißt es etwa: Jesus von Nazareth war nicht Gottes Sohn, überlebte die Kreuzigung und musste daher auch nicht auferstehen. Andere wollen das Grab Jesu in Indien entdeckt haben. Obwohl immer mehr über Jesus publiziert und spekuliert wird, kommt man ihm auf diesem Weg nicht näher. Jesus ging immer wieder „an unserer Zeit vorüber und kehrte in die seinige zurück", formulierte es vor 100 Jahren der evangelische Theologe und Humanist Albert Schweitzer (1875 – 1965) in seiner Bilanz der Leben-Jesu-Forschung. Schweitzers Resümee gilt bis heute. Dem historischen Jesus ist man kaum nähergekommen. Natürlich weiß man mehr über seine Zeit, mehr über die Spuren, die er in den Evangelien zurückließ. Es bleibe aber eine Illusion, dass man damit dem historischen Jesus selbst näherkommt, so der Neutestamentler Wolfgang Stegemann von der evangelischen Augustana-Hochschule im bayerischen Neuendettelsau: „Das Einzige, was wir besitzen, sind Erinnerungen an Jesus." Bis heute glauben Wissenschaftler, sie hätten den wirklichen Jesus gefunden. In Wirklichkeit produzieren sie doch nur ständig ihre eigenen Bilder von ihm, auch wenn die Wissenschaftsgeschichte voll von spektakulären Entdeckungen rund um die Bibel ist, wie vermeintlich echte Kreuzsplitter, Schweißtücher und Grabtücher. Ein ganz anderer Schauplatz ist der Jesus des Glaubens. Denn die Kirche glaubt ja nicht an den historischen Jesus, sondern an Jesus Christus, den Gottessohn und Heiland der Welt. Die historisch-kritische Forschung kann der Wahrheit dienen, aber die Wahrheit sagen kann sie nicht, heißt es in kirchlichen Stellungnahmen.

Biografischer Einschnitt.
Wechsel zwischen Kindheit
und Erwachsenwerden

Konfirmation: Ritual des Wandels

In den Wochen um Ostern lassen sich in Deutschland jedes Jahr rund 270.000 evangelische Mädchen und Jungen konfirmieren. Das in der Regel zwischen Palmsonntag und Pfingsten liegende Fest gehört neben Taufe, Hochzeit und Beerdigung zu den gefragtesten kirchlichen Angeboten. Nach Angaben der Evangelischen Kirche in Deutschland (EKD) gehen fast alle getauften Jugendlichen eines Jahrgangs im Alter von etwa 14 Jahren zur Konfirmation. Die Zahl der Konfirmierten hat seit Ende der 1990er Jahre sogar zugenommen. Früher wurde die Konfirmation als ein biografischer Einschnitt wahrgenommen. Denn viele Kinder verließen in derselben Zeit die Schule, traten eine Lehre an und mussten früh Verantwortung übernehmen. Der Konfirmationsritus wurde so auch zum Zeichen des Wechsels zwischen Kindheit und Erwachsenwerden und leitete die Ablösung von den Eltern ein. Obwohl heutige Konfirmanden noch länger Jugendliche bleiben, bleibt die Konfirmation, die ohnehin in eine Lebensphase der körperlichen und seelischen Umwälzungen fällt, ein Fest des Wandels. Mit der Konfirmation – aus dem Lateinischen für „Befestigung" oder „Stärkung" – bestätigen die Jugendlichen ihre Taufe. Sie legen damit ein öffentliches Bekenntnis zum Christentum ab und werden in die Gemeinde aufgenommen. Sie dürfen damit auch offiziell am Abendmahl in allen evangelischen Kirchen teilnehmen. Einige Kirchengemeinden lassen Kinder auch vor der Konfirmation zum Abendmahl zu. Konfirmierte dürfen auch das Amt eines Taufpaten ausüben. Zuvor haben sie je nach Gemeinde meist ein Jahr lang den Konfirmandenunterricht besucht. Die Konfirmation ist kein Sakrament – Sakramente sind Heilszeichen der Kirche – wie die Firmung in der katholischen Kirche. Als Begründer der Konfirmation gilt der aus dem Elsass stammende reformatorische Theologe Martin Bucer (1491–1551). Seit dem 18. Jahrhundert ist die Feier in ganz Deutschland üblich.

An den Wendepunkten des Lebens wie Taufe, Konfirmation und Hochzeit spielt die Kirche nach wie vor eine wichtige Rolle. Die Kirchen haben damit weiterhin eine Rahmenfunktion für die Gesellschaft und für die Biografien der Kirchenmitglieder. In der römisch-katholischen Kirche wird die Taufe durch das Sakrament der Firmung bekräftigt. Mit der Erstkommunion – oft am Weißen Sonntag direkt nach Ostern – nehmen junge Katholiken jedoch schon als Zweit- oder Drittklässler zum ersten Mal am Abendmahl und an der Beichte teil. Sie können dann auch bereits Taufpate werden. Die Firmung, die zwischen dem zwölften und dem 17. Lebensjahr üblich ist, vollendet die Taufe. Der Pfarrer legt den Firmlingen die Hand auf und salbt sie mit Öl.

Im evangelischen Konfirmandenunterricht stehen Fragen über den Sinn des Lebens, über das Erwachsenwerden und den christlichen Glauben im Mittelpunkt. Die Jugendlichen debattieren miteinander und sollen entdecken, was für ihr Leben wichtig ist. Die Wandlung vom Kind zum Jugendlichen ist eine schwierige Zeit im Leben. In Ritualen begleiten alle Völker und Religionen ihre Jugend bei diesem Übergang. Beim Schritt aus dem Kindesalter in die nächste Etappe des Heranwachsens gibt es ein tief verwurzeltes religiöses Bedürfnis, diesen Statuswechsel den Eltern, Freunden und Verwandten deutlich zu machen und damit auch besser zu verkraften. Die feierliche Einsegnung ins Christentum und die damit verbundene bewusste Bestätigung der eigenen Taufe gilt zudem als einmaliges Ereignis in der Lebensgeschichte. Für die meisten der evangelischen Heranwachsenden ist die Konfirmation bis zu diesem Zeitpunkt das größte Fest ihres Lebens. Viele

Gäste und Familienmitglieder reisen an, um den Jugendlichen zu zeigen, wie sehr sie ihnen am Herzen liegen. Umfragen zufolge bleibt die eigene Konfirmation bei weit mehr als zwei Dritteln der Protestanten in positiver Erinnerung, hebt die evangelische Kirche hervor. Sie hat die Arbeit mit Konfirmanden als „zentrales kirchliches Handlungsfeld" deklariert. Dies ist auch dringend notwendig: Obwohl noch fast alle evangelisch getauften Kinder in der Regel auch konfirmiert werden, haben nach einer Jugendstudie rund die Hälfte der Heranwachsenden wenig oder sehr wenig Vertrauen zur Institution Kirche. Die Kirchen haben offenbar das Antwortmonopol auf die entscheidenden Fragen nach dem Sinn des Lebens, auf Tod, Krankheit und Leid in der Welt verloren. Diese religiösen Themen tauchen auch in der Popmusik, den Medien und der Werbung täglich auf. Der Konfirmandenunterricht ist dazu jedoch keine Konkurrenzveranstaltung. Pfarrer verstehen ihre Bemühungen nicht als Nachwuchswerbung für die evangelische Kirche, sondern als ethische Orientierung für das Leben sowie als Antwort auf Fragen nach dem Sinn des Lebens. Denn die heute zwölf- bis 15-jährigen Konfirmanden müssen sich im dritten Jahrtausend als Erwachsene mit einer verwirrenden Vielfalt von Weltanschauungen auseinandersetzen. Nicht zuletzt der boomende Esoterik-Markt mit seinem Angebot an Lebenshilfe, viele neue psychologische Richtungen oder aber auch der leichte Zugang zu anderen Religionen wie dem Buddhismus mit seinen hilfreichen und praktischen Angeboten zur Lebensbewältigung zeigen, dass es nicht selbstverständlich ist, sich heute klar als Christ zu bekennen. Hier soll der Konfirmandenunterricht Hilfestellungen für das Leben bieten.

Besonders Heranwachsende lassen sich zudem leicht faszinieren von der Welt der Sekten und von okkulten Praktiken, wie zum Beispiel dem Tischerücken oder Spielchen, die über angebliche Botschaften aus dem Jenseits die Zukunft vorhersagen sollen. Wie die Sektenexperten der Kirchen wissen, können solche zunächst harmlos erscheinenden Praktiken schnell zu seelischer Abhängigkeit führen, die oft nur mit professioneller ärztlich-therapeutischer Hilfe überwunden werden können. Gerade der Konfirmandenunterricht ist ein hervorragender Ort für die Aufklärung über solche mysteriösen Phänomene – denn strikte Verbote helfen oft nicht weiter, sie könnten für die Jugendlichen vielmehr ein Anreiz sein, sich noch mehr damit zu beschäftigen. Im Konfirmandenunterricht geht es nicht um Leistungen, „sondern du stehst mit deinen Fragen zum Sinn des Lebens, zur Zukunft und zum Glauben im Mittelpunkt. Zusammen mit den anderen erfährst du, was wichtig für dein Leben ist. Die Pfarrerin oder der Pfarrer und andere Menschen in der Gemeinde geben dir wichtige Impulse für dein künftiges Leben", werben die Kirchen für den Konfiunterricht. Dieser ist in den kirchlichen Lehrplänen nicht zuletzt aus diesem Grund als Erziehung zur religiösen Urteils- und Kritikfähigkeit hin angelegt. Allerdings scheint es ein Mangel im deutschen Bildungssystem zu sein, dass die schulische wie kirchliche religiöse Bildung vieler Menschen während oder kurz nach der Pubertät endet und so das religiöse Sprachvermögen nur ansatzweise erwachsen werden kann. Die Kirchen haben daher in der Regel nur maximal zwei Jahre Zeit, um bei ihren Konfirmanden für das Christentum so zu werben, dass es ihnen vernünftig, tröstlich und hoffnungsvoll erscheint. Ansonsten könnte der mit der Konfirmation verbundene erste Gang zum Abendmahl auch der letzte gewesen sein.

Die Bibel: Buch der Bücher und Quelle der Weltliteratur

Die Bibel ist das am weitesten verbreitete und am häufigsten übersetzte Buch der Welt. Seit 1815 wurden rund 2,5 Milliarden Exemplare weltweit abgesetzt. Nach der Statistik des Weltbundes der Bibelgesellschaften im britischen Reading liegen zurzeit Bibeltexte in weit mehr als 2000 Sprachen vor. Kaum ein Buch wurde zudem so genau erforscht. Historiker, Archäologen, Psychologen, Sprachwissenschaftler und Soziologen, um nur einige Disziplinen zu nennen, nehmen die Bibel seit Generationen penibel unter ihre Lupe. Die Bibel hat rund 1000 Kapitel, etwa 30.000 Verse und rund drei Millionen Buchstaben. Man kann die Heilige Schrift also nicht wie einen dicken Roman durchlesen – wer zügig liest, braucht etwa 50 Stunden. Wohl kein anderes Buch hat auch die Geschichte der Weltliteratur derart beeinflusst wie die Heilige Schrift. Zahllose Autoren haben sich an ihr gerieben oder sich von ihr inspiriert gefühlt. Selbst der mit seinem Atheismus kokettierende Dichter Bertolt Brecht (1898–1956) antwortete auf die Frage nach seiner Lieblingslektüre: „Sie werden lachen: die Bibel." Die Kunstgeschichte wäre ohne die Motive der Bibel nicht vorstellbar und auch das Kino schöpft bis heute aus dem reichen Ideenschatz des Buchs der Bücher.

Die Bibel – vom griechischen biblos für Buch – ist die heilige Schrift der christlichen Religion. Es ist nicht nur ein Buch, sondern eine kleine Bibliothek. Sie besteht aus zwei großen Teilen, die ihrerseits noch einmal stark unterteilt sind: aus dem Alten und dem Neuen Testament. Da das Christentum als jüdische Sekte begann, übernahmen die ersten Christen die heiligen Schriften des Judentums unter dem Titel Altes Testament. Viele Theologen bezeichnen diesen Abschnitt heute auch häufig als hebräischen Teil der Bibel. Damit soll deutlich gemacht werden, dass mit dem Begriff „Altes Testament" nicht unterschwellig etwas Überholtes oder Zweitrangiges gemeint ist. In der Bibel wird die Geschichte des Volkes Israel und die Geschichte des Lebens Jesu erzählt. Sie enthält zahlreiche Genres: Spröde juristische Gesetzesbücher, Märchen, sozialpolitische Programmschriften, Statistiken, längere Erzählungen und anschauliche Gleichnisse. Berühmt für seine poetisch-erotische Liebeslyrik ist das vielfach und vielfältig gedeutete Hohelied Salomos.

Da die Bibel keine durchgehende, einheitliche religiöse Lehre oder Weltanschauung anbietet, gibt es so viele unterschiedliche Auslegungen und Interpretationen. Nicht nur Katholiken und Protestanten ringen um die „richtige" Deutung der Bibel, auch die Orthodoxen, Anglikaner sowie Christen aus den zahlreichen evangelischen Freikirchen und viele andere christliche Traditionen lesen die Bibel jeweils durch die Brille ihres eigenen Weltbilds. Es gibt aber dennoch einen „roten Faden" der biblischen Schriften: Alle Autoren glauben an die Existenz eines Schöpfergottes, der mit den Menschen gemeinsam durch die Geschichte geht – durch alle Höhen und Tiefen – und den Menschen helfen will. Dabei wird deutlich: Das in der Bibel enthaltene, zum Teil mythische Weltbild mit seinen Wundergeschichten von der Auferstehung der Toten, mit Erzählungen von Dämonen, Engeln, Himmel und Hölle entspricht zwar in vielem nicht mehr dem Denken der heutigen Zeit. Die unergründlich tiefen, von Weisheit durchdrungenen Menschheitstexte des Buchs der Bücher bleiben jedoch ewig gültig. Sie erreichen die Menschen an den Hoch-, Tief- und Wendepunkten ihres Lebens, bei Geburt, Taufe, Konfirmation, Hochzeit, Trauer, Freude und zum Schluss des Lebens beim Abschiednehmen von der Welt.

Im Neuen Testament wird der Unterschied, das Neue des Christentums gegenüber dem Judentum, deutlich gemacht. Es geht darin um den Juden Jesus von Nazareth, um seine Botschaft und um die

Ausbreitung seiner Lehre in den ersten Jahrzehnten nach seinem Tod. Doch wir wissen heute in den meisten Fällen nicht mehr, wer die Verfasser der Bibel waren, über ihre Persönlichkeiten ist uns nichts überliefert. Das gilt vor allem für die Bücher des jüdischen Teils. Das Alte Testament entstand zwischen 1000 und 100 vor Christus, das Neue Testament zwischen 70 und 120 nach Christus. Um die Verfasser des Neuen Testaments – hier vor allem die vier Evangelisten Matthäus, Markus, Lukas und Johannes sowie um den Apostel Paulus – hat sich eine reiche Tradition von Überlieferungen und Legenden entwickelt. Am Anfang des Christentums wurde die Geschichte von Jesu Leben und Tod mündlich weitergegeben. Jesus von Nazareth selbst hatte nichts aufgeschrieben – seine Botschaft von der unmittelbaren Nähe Gottes zu den Menschen wurde allerdings von seinem engsten Umkreis an unzählige Generationen aus allen Völkern und Kulturen weitergegeben. Die Botschaft Jesu findet sich im Evangelium, was so viel wie „gute Botschaft" bedeutet.

Viele gläubige Christen halten die Bibel für das Wort Gottes, das von Gott selbst einigen Auserwählten gleichsam diktiert wurde. Für andere Christen ist die Bibel zwar das grundlegende Dokument ihres Glaubens, aber zugleich ein von Menschen geschriebenes Buch. Für sie erzählt die Schrift vor allem von den Erfahrungen der Menschen mit Gott – mit allen Zweifeln, Ängsten, Freuden und Hoffnungen. Das macht die Bibel hochaktuell, denn sie gibt Antwort auf Fragen, die Menschen heute wie vor rund 2000 Jahren in nahezu gleicher Weise stellen. Die Bibel wird so wie in den Jahrhunderten zuvor für Millionen von Menschen zur Lebenshilfe und zum Trostbuch in Zeiten, in denen das Leben sich als hart erweist. Ob die Texte der Bibel historisch verlässlich sind, darüber streiten sich die Gelehrten bis heute. Nach greifbaren Hinweisen auf die Begründer des Christentums wie Textfunde oder Grabstätten wird nach wie vor gesucht. Erst an Ostern 2007 sorgte eine Dokumentation über die angebliche Auffindung des Grabes Jesu und seiner Familie für Aufsehen. Kirchengeschichtler und Archäologen aber sind skeptisch, ob sich wirklich bis in unsere Zeit Überreste von biblischen Personen erhalten haben. Doch die Menschen der Bibel sind lebendig in der Heiligen Schrift. Der Heidelberger Professor für Neues Testament, Gerd Theißen, sagte in diesem Zusammenhang, Jesus sei in den vergangenen Jahren etwas historischer geworden. Auf die Frage, ob er Jesus durch seine Forschung nähergekommen sei, erklärte Theißen: „Ja, natürlich. Der historische Jesus ist lebendiger." Rainer Riesner, Professor für Neues Testament an der Universität Dortmund, stellte klar: „Nach den Maßstäben der Antike sind die Evangelien gute Quellen."

Gottes Wort oder fromme Dichtung?

Ist die Bibel also Gottes Wort oder fromme Dichtung? Dies versucht die kritische Bibelforschung seit dem 19. Jahrhundert herauszufinden. Vor allem deutsche Theologen wollten aus den antiken Texten zunächst das objektive „Leben Jesu" herausfiltern. Zwar misslang dieses Vorhaben weitgehend. Doch es eröffnete sich eine rationale Sicht auf das Neue Testament, mit der auch Skeptiker für den Glauben gewonnen werden sollten: Die heutige moderne Bibelforschung untersucht die biblischen Texte aus dem Blickwinkel von Historikern, Archäologen, Psychologen, Soziologen oder Sprachwissenschaftlern. Dabei wurde deutlich: Die Verfasser der Bibel hatten zwar ein anderes Weltbild als der moderne Mensch, doch die zentrale Botschaft Jesu von der unmittelbaren Nähe Gottes zu den Menschen gilt unverändert. Die Weisheit der Bibel zeigt sich vor allem in der darin dokumentierten Erfahrung der Menschen mit Gott. Ihre Wahrheit zeigt sich im alltäglichen Gebrauch, im Gebet, im Gottesdienst sowie als Trostbuch im Leid. Mit dieser Sichtweise fand das Christentum Anschluss an die moderne Zeit. Von den Kirchen wird die wissenschaftliche Auslegung der Bibel heute meist akzeptiert. Die Kirche verlangt keinen Glauben an die Bibel, erklärt die lutherische Kirche in Deutschland. Die Heilige Schrift spreche für sich selbst. Für unzählige Menschen war und ist sie der Weg und die Wahrheit im Leben und Sterben. Auch in der katholischen Kirche wird seit den 1960er Jahren die von Protestanten entwickelte historisch-kritische Bibelwissenschaft vom Lehramt grundsätzlich anerkannt.

Wie wichtig den Protestanten die Bibel ist, zeigt der Streit um die 2006 erschienene „Bibel in gerechter Sprache". Die Übersetzer orientierten sich an Erkenntnissen der feministischen Theologie, der Befreiungstheologie und des christlich-jüdischen Dialogs. Auffälliges Merkmal der Neuübersetzung ist, dass der Ausdruck „Herr" ergänzt wurde durch „die Heilige", „Ich-bin-da", „Adonaj" oder „der Ewige". Dadurch sollen Alternativen zu einem rein männlich geprägten Gottesbild angeboten und der Zugang für eine spirituellere Interpretation der Bibel eröffnet werden. Während viele Theologen diese neue „gerechte" Bibel trotz einiger Schwächen als Fortschritt in der Bibelauslegung begrüßen, warnten die Evangelische Kirche in Deutschland und die deutschen lutherischen Bischöfe vor dem liturgischen Gebrauch der „gerechten" Bibel im Gottesdienst. Maßgebend sei hier die Lutherbibel, hieß es. Die Übersetzer hätten ihre vorgefasste Meinung über feministische Theologie, Befreiungstheologie und den jüdisch-christlichen Dialog in die Bibel hineingetragen und den Text damit verfälscht, so die Kritik. Die Herausgeber wiesen dies als haltlos zurück. Die „Bibel in gerechter Sprache" wird wohl noch auf unabsehbare Zeit in der evangelischen Kirche völlig unterschiedlich beurteilt werden.

Die Befreiung vom zwanghaften Buchstabenglauben an die Bibel hat eine lange Geschichte. Einer der Ersten, der die Bibel systematisch, mit den Mitteln der Vernunft und kritisch unter die Lupe nahm, war der Hamburger Professor für orientalische Sprachen, Hermann Samuel Reimarus (1694 – 1768). Nach einem Vergleich der Berichte über die Auferstehung Jesu kam er zu dem Schluss: Die Aussagen der vier Evangelisten Lukas, Matthäus, Markus und Johannes weichen in dieser zentralen Frage des Christentums so weit voneinander ab, dass sie vor keinem Gericht der Welt Bestand hätten. Warum sollte die Menschheit darauf „Glauben und Hoffnung zur Seligkeit gründen"? Auch das Alte Testament wurde entzaubert. Schon lange ist bekannt, dass etwa die fünf Bücher Mose auf mehrere Quellen zurückgehen und das Jesajabuch mindestens von drei Verfassern stammt. Als „Heide" und Zerstörer der Autorität der Bibel wurde später der evangelische Theologe David Friedrich Strauß (1808–1874) angegriffen. Nach dem Erscheinen seines eine Epoche prägenden Buchs „Das Leben Jesu, kritisch bearbeitet" (1835), in dem er das Neue Testament als mythisch und überwiegend unhistorisch interpretiert, wurde er als Professor in Zürich auf Druck konservativer Christen – darunter viele Pfarrer – zwangspensioniert.

Auferstehung der Toten, Dämonen, Engel, Himmel und Hölle: „Das alles ist mythologische Rede" – und damit für den heutigen Menschen unglaubhaft, lehrte der evangelische Theologe Rudolf Bultmann (1884–1976) und wirkt damit auf konservative Christen noch immer wie ein rotes Tuch. Doch indem er das antike Weltbild der Bibel neu deutete, ermöglichte er auch vielen Skeptikern Zugang zum Glauben. Bultmann gilt heute als einer der bedeutendsten Theologen des Protestantismus. Er ist ein Symbol für den Dialog des Christentums mit der Moderne. In seiner Person als Wissenschaftler und frommer Christ verkörpert er den Spagat zwischen Glauben und Vernunft. Welche Antwort gibt die Bibel dem Menschen auf die Frage nach seiner Existenz in der Welt? Das wollte Bultmann als regelmäßiger Gottesdienstbesucher und pflichtbewusster Kirchenvorsteher wissen. Die mythische Sprache der Bibel sei für den modernen Menschen nicht mehr verständlich, so Bultmann. Er wollte daher die im Neuen Testament enthaltene Wahrheit vom Mythos entkleiden und so für den modernen Menschen verstehbar machen. Seine Interpretation der Evangelien rüttelt bis heute an den Fundamenten der christlichen Bekenntnisse. Der Streit um die rechte Lehre drohte damals sogar die evangelische Kirche zu spalten. Die äußerste Konsequenz des Werks von Bultmann ist der Zweifel an der leiblichen Auferstehung Christi. Daher wurde er von bibeltreuen Christen als Feind des Glaubens bekämpft. Doch für Bultmann blieb Jesus Christus mit seiner Botschaft von der unmittelbaren Nähe Gottes zu den Menschen das Zentrum des christlichen Glaubens, auch wenn es keinen historischen Beweis für die Auferstehung Jesu von den Toten gibt. Er wollte damit eine Brücke zwischen den Erkenntnissen der historischen Forschung und der religiösen Praxis bauen. Die religiöse Wahrheit aber ist Bultmann zufolge dem wissenschaftlichen Denken letztlich nicht zugänglich. Die Auseinandersetzung um Bultmanns sogenanntes Entmythologisierungsprogramm während der ersten Hälfte des 20. Jahrhunderts war für die Kirche ein notwendiger Streit, erinnern sich Zeitzeugen. Bultmann habe die Christen vom Buchstabenglauben befreien wollen, weil viele Menschen die biblische Sprache nicht mehr verstehen. Er wagte zu sagen, „was viele in sich verdrängen", so der evangelische Theologe Dietrich Bonhoeffer (1906 – 1945): „Er hat damit der intellektuellen Redlichkeit und Sauberkeit einen Dienst geleistet." Die Wahrheit der Bibel erweise sich in ihrem Gebrauch: im Beten, im Gottesdienst sowie als Trostbuch im Leid, „dafür ist sie geschrieben", so die Kirchen. In spirituellen Fragen können Wissenschaft und Rationalismus ohnehin nicht alle Antworten geben.

Leitfaden durchs Kirchenjahr

Durch das Kirchenjahr führt die Bibel wie ein Leitfaden. Der Ursprung der Bibel ist älter als die Kirche, die erst in den Jahrhunderten nach dem Tod Jesu zu der Gestalt einer festen Institution fand. Doch die christlichen Hochfeste beziehen sich fast alle auf biblische Texte. Dies beginnt mit der Geburtsgeschichte Jesu an Weihnachten, darauf folgen die biblischen Berichte über das Leiden und Sterben Jesu an Karfreitag und seine Auferstehung an Ostern. In der Apostelgeschichte wird der Hintergrund von Pfingsten erzählt und auch Christi Himmelfahrt hat eine Entsprechung in der Heiligen Schrift. In einem Zyklus, der sich alle sechs Jahre wiederholt, werden in den evangelischen Gottesdiensten vorgeschriebene Bibelstellen aus dem Alten und Neuen Testament vorgelesen oder über sie gepredigt. Mit diesen sogenannten Perikopenreihen wird das Kirchenjahr geordnet. Eine Reihe gilt jeweils für ein Kirchenjahr, also vom 1. Advent bis zum Ewigkeits- oder Totensonntag, dem letzten Sonntag im Kirchenjahr. In der katholischen Kirche gelten entsprechende Ordnungen. Wer mit der Bibel durch das Jahr gehen will, kann dies auch mit den „Herrnhuter Losungen" tun. Die Sammlung von Bibelsprüchen für jeden Tag gibt es seit mehr als 250 Jahren und in mehr als 50 Sprachen. Das Andachtsbüchlein wird herausgegeben von der Evangelischen Brüdergemeine, die sich noch heute wie im 18. Jahrhundert „Gemeine" und nicht „Gemeinde" schreibt. Weltweit bekennen sich rund 750.000 Christen zu der Freikirche. In Herrnhut (Sachsen) siedelten sich im 18. Jahrhundert Glaubensflüchtlinge aus Böhmen und Mähren an. Der Gründer der Brüdergemeine, Nikolaus Ludwig Graf von Zinzendorf (1700–1760), hatte am 3. Mai 1728 die erste Tageslosung verkündet. Die Losungen (www.losungen.de) bieten jeden Tag ein Zitat aus dem Alten und dem Neuen Testament sowie einen Liedvers oder ein Gebet. Die Sprüche werden jährlich aus einer Auswahl von fast 2000 Bibelversen ausgelost.

Symbol der Wandlung und
spirituellen Entwicklung

Himmelfahrt und Pfingsten: über den Wolken

Der Himmelfahrtstag, bei vielen eher als bierseliger „Vatertag" bekannt, ist fester Teil des christlichen Festkalenders. Seit dem vierten Jahrhundert feiern Christen 40 Tage nach Ostern dieses Fest. Biblische Grundlage ist vor allem das erste Kapitel der Apostelgeschichte im Neuen Testament. Dort steht, dass der nach seiner Kreuzigung vom Tod auferstandene Jesus Christus vor den Augen seiner Jünger „aufgehoben" wurde: „Eine Wolke nahm ihn auf und entzog ihn ihren Blicken" (Apostelgeschichte 1,9). Damit enden auch die Erscheinungen und visionären Bilder des Auferstandenen. Die Christenheit ist seitdem auf sein in den Schriften des Neuen Testamentes überliefertes Wort angewiesen. Goethe beschrieb dies augenzwinkernd in einem Gedicht: „Vom Himmel steigend, Jesus bracht' / Des Evangeliums ewige Schrift; / Den Jüngern las er sie Tag und Nacht: / Ein göttlich Wort, es wirkt und trifft. / Er stieg zurück, nahm's wieder mit; / Sie aber hatten's gut gefühlt, / Und jeder schrieb, so Schritt für Schritt, / Wie er's in seinem Sinn behielt."

Die Himmelfahrt Christi ist auch ein bevorzugtes Motiv in der bildenden Kunst. Himmelfahrt wird allerdings in der Theologie kaum noch wörtlich als reale Reise verstanden. Der Himmel ist danach kein geografischer Ort, sondern der Herrschaftsbereich Gottes. Wenn es im Glaubensbekenntnis heißt „…aufgefahren in den Himmel", bedeutet dies nach christlichem Verständnis, dass der auferstandene Christus „bei Gott ist". Himmelfahrt wird so auch als Symbol der Wandlung und spirituellen Entwicklung der Persönlichkeit gedeutet. Im englischen Sprachraum gibt es für das

deutsche Wort Himmel zwei Begriffe: „sky" (profan) und „heaven"
(religiös). Das meist im Mai liegende Fest Christi Himmelfahrt ist
in Deutschland ein gesetzlicher Feiertag und wird in den Kirchen
traditionell mit Gottesdiensten in Pfarrgärten, im Wald und auf
Berghängen begangen.

Kraftquelle Heiliger Geist

Pfingsten ist nach Ostern und Weihnachten das dritte große Fest
im Kirchenjahr. Die im Frühsommer liegende Feier ist auch ein
Symbol für Kreativität und Neuanfang. Den biblischen Berichten
zufolge schenkt Gott seither seinen Geist nicht mehr einzelnen
Auserwählten, sondern jedem Gläubigen. Pfingsten ist daher vor
allem das Fest des Heiligen Geistes. Was ist der Heilige Geist?
Wenn der Heilige Geist im Menschen wirkt, „begegnen wir damit dem lebendigen Gott selbst, der uns näher kommt, als wir
denken", heißt es im lutherischen Erwachsenenkatechismus. Der
Name Pfingsten geht auf das griechische Wort „pentekoste" (der
fünfzigste) zurück, weil das Pfingstfest seit etwa Ende des vierten
Jahrhunderts fünfzig Tage nach Ostern gefeiert wird. In Erinnerung an die in der Bibel geschilderte Ausgießung des Heiligen
Geistes wird Pfingsten auch als „Geburtstag der Kirche" und Beginn der weltweiten Mission verstanden. Die biblischen Berichte
schildern nach Christi Auferstehung und Himmelfahrt eine neue
Gemeinschaft der Jünger: „Sie wurden alle erfüllt von dem Heiligen Geist und fingen an, zu predigen in anderen Sprachen" (Apostelgeschichte 2,4). Auf die Pfingsterzählung des Neuen Testaments
geht wohl auch die Redewendung „Feuer und Flamme sein" für
„begeistert sein" zurück: Bei dem Treffen der Jünger „sah man
etwas wie Feuer, das sich zerteilte, und auf jeden von ihnen ließ
sich eine Flammenzunge nieder", heißt es im zweiten Kapitel der
Apostelgeschichte.

Im Kirchenkalender endet mit Pfingsten die österliche Festzeit. Die Ausgießung des Heiligen Geistes wird an Pfingsten gelegentlich durch das Herablassen einer Taube dargestellt. Um das religiöse Geschehen zu verdeutlichen, wurde vor allem in Süddeutschland und in Österreich an Pfingsten eine hölzerne Taube an Stricken durch eine Luke, das „Heilig-Geist-Loch", vom Dachboden in das Kircheninnere hinabgelassen und schwebte über den Köpfen der Gottesdienstbesucher. Es soll dabei immer wieder zu Unfällen durch herabstürzende Holztauben gekommen sein, womöglich war das einer der Gründe, warum der Brauch in Vergessenheit geriet. Und so verstauben heute etliche große hölzerne Tauben auf den Dachböden der Kirchen. Hier und da beginnt man sich inzwischen wieder an das Spektakel zu erinnern.

Lob der Unvernunft

Albert Schweitzer liebte das Pfingstfest: An keinem anderen Tag des Jahres predige er mit „solcher Freudigkeit", gestand der Urwald-arzt und Organist am Pfingstsonntag des Jahres 1905 Straßburger Gottesdienstbesuchern. Das Fest des Heiligen Geistes war für ihn eine jährliche Erneuerung der „Frühlingstage des Christentums". Der 1875 im Elsass geborene protestantische Gelehrte beherrschte die Kunst, tiefe religiöse Gedanken schlicht und verständlich aus-zudrücken. Das Pfingstfest war für Schweitzer eine Bestätigung dafür, dass es keinen Gegensatz zwischen dem Geist Gottes und dem menschlichen Geist gibt. Beide hängen für ihn innerlich zu-sammen. Der Heilige Geist wachse „irgendwie als etwas Reines und Tiefes aus dem Menschengeist" heraus. „Alles, was rein und wahr und erhebend und belebend ist, ist heiliger Geist", betonte der Friedensnobelpreisträger von 1952 und fährt fort: „Ein Fünklein jenes Geistes liegt in unser aller Seelen." Der Geist Gottes sei vor allem ein Geist der Selbstständigkeit und der Freiheit. Bei dem in der Apostelgeschichte beschriebenen Pfingstwunder habe der Heilige Geist die Jünger Christi von allen religiösen Dogmen und Lehrformeln befreit. Seither bewege sich dieser „Weltengeist" oft außerhalb der Schranken bürgerlicher Frömmigkeit und des traditionellen Vernunftbegriffs. Darum müsse man nicht nur an Pfingsten besonders auf die „unvernünftigen" Menschen hören, denn „an vernünftigen ist kein Mangel". In den „wohlorganisierten Kirchen" hingegen, beklagte Schweitzer, werde der Heilige Geist oft „gedämpft". Die in einem Amt verwaltete Lehre und Predigt ersticke nicht selten den lebendigen Glauben. Erst wenn sich die Kirchen zu wirklichen Gemeinschaften wandelten und die festgefügten Strukturen zerbrächen, könnten sie wieder wahrhaftig und lebendig werden, prophezeite der 1965 in seinem Tropenhospital im zentralafrikanischen Lambarene verstorbene Missionsarzt. Für den Kulturphilosophen Schweitzer ist das Bekenntnis zum Heiligen Geist das Besondere des Christentums im Vergleich zu anderen Weltreligionen. Deshalb bezeichnete er das Christentum als „Religion des Geistes". Gerade im Pfingstfest erneuere sich regelmäßig der christliche Glaube.

Zwischen Himmel und Hölle

Rund um die Festtage Himmelfahrt und Pfingsten spielen die Begriffe Himmel, Heiliger Geist und Spiritualität eine zentrale Rolle. Was ist mit „Himmel" gemeint? „Kommt meine tote Katze auch in den Himmel?", fragen Kinder ganz direkt. Doch auch Erwachsene möchten wissen, wie es nach dem Tod weitergeht. Die großen Weltreligionen bieten als Antwort das Bild vom Himmel. Die biblischen Erzählungen von Christi Himmelfahrt halten die Hoffnungen auf ein jenseitiges Paradies wach. Nicht nur Jesus Christus ist „aufgefahren in den Himmel", wie es im Glaubensbekenntnis heißt: Die leibliche Aufnahme Marias in den Himmel wurde 1950 vom katholischen Lehramt zum Dogma erhoben. Nach dem hebräischen Teil der Bibel hob es neben dem frommen Henoch auch den Propheten Elia empor. Im Islam ist der Aufstieg des Religionsstifters Mohammed durch sieben Himmel bis vor Gottes Thron überliefert. In Judentum, Christentum und Islam wird das himmlische Paradies oft als Garten beschrieben. Dort herrscht, glauben Juden und Christen, eine ungetrübte Harmonie zwischen Gott und den Menschen sowie den Menschen untereinander. Die moderne Theologie interpretiert den Himmel als Verhältnis des endgültigen „Bei-Gott-Seins". Dabei ist der sichtbare Himmel freilich nur ein Symbol und Annäherung an den unsichtbaren Himmel, das „Reich Gottes".

Das deutsche Wort Himmel stammt aus der althochdeutschen Umschreibung für „Decke" oder „Hülle". Besonders in der im Wüstensand entstandenen Weltreligion des Islam stellt man sich das Paradies als grünen und blühenden Garten vor. In der islamischen Volksfrömmigkeit geht es dabei sehr sinnlich zu: Uneingeschränkte kulinarische Genüsse, aber auch Paradiesjungfrauen sollen dort auf die Seligen warten. Eine dagegen vergleichsweise nüchterne Vorstellung von den zeitlosen und ortlosen Räumen des Paradieses machen sich die Mystiker der drei großen monotheistischen Weltreligionen Judentum, Christentum und Islam. Hier wird Himmelfahrt weniger als historisches Geschehen, sondern vielmehr als Seelenreise verstanden. Der Himmel wird so zum Ort der verklärten, unmittelbaren Gottesnähe und ununterbrochenen Gottesschau. Während in der altindischen Religion ein Feuergott die Seelen der Toten in den Himmel bringt, werden im Buddhismus Himmel und Hölle als Zustände der Seele gedeutet. In ähnlicher Weise tat dies auch der Reformator Martin Luther (1483–1546). In seinen berühmten 95 Thesen, mit denen er die Reformation der mittelalterlichen Kirche auslöste, vergleicht er Hölle, Fegefeuer und Himmel als Orte der „Verzweiflung, annähernder Verzweiflung und Sicherheit" der menschlichen Seele.

Die Macht des Atems

Was ist der Heilige Geist, der mit Gott-Vater und Gott-Sohn die Heilige Dreifaltigkeit bildet? Für Geist und Atem kennt die Bibel nur ein Wort. Um die den Menschen belebende Gegenwart des göttlichen Geistes auszudrücken, verwenden fast alle klassischen Sprachen das Wort Atem, Hauch oder Luft: „Ruach" in Hebräisch, „pneuma" in Griechisch, „spiritus" in Latein, „atman" in Sanskrit und „chi" in Chinesisch. In der Ursprache der Bibel hat der Heilige Geist die Bedeutung von Wind, Hauch und Atem.

Gottes Geist und Atem, so die Schöpfungsgeschichte, macht die Menschen lebendig und erneuert das Antlitz der Erde. Jesus hauchte seine Jünger nach seiner Auferstehung an und sprach: „Empfanget den Heiligen Geist." Er steht für eine Hoffnung spendende Kraft, für Liebe, Wahrheit, Besonnenheit und die Nähe zu Jesus. Dargestellt wird der Heilige Geist oft als Taube, Flamme oder Wind. Der Atem ist eine Kraft, die dem Menschen ständig geschenkt wird. „Darum macht der Mensch die ursprüngliche Gotteserfahrung durch den Atem", sagt der indische Jesuitenpater und Meditationslehrer Sebastian Painadath. Die achtsame Wahrnehmung des Atems hilft zudem bei der Entwicklung eines spirituellen Bewusstseins – etwa in der Atem-Meditation. „Der Geist Gottes ruft ein neues Bewusstsein hervor, in dem die weltweite, Grenzen überwindende Einheit deutlicher wird", so Painadath. Dies sei kein Plädoyer für die Bildung einer Einheitsreligion, betont der katholische Exerzitienmeister. Die Religionen befinden sich laut dem Theologen heute jedoch zunehmend auf einer „Pilgerfahrt zu dem einen Gott". Der evangelische Theologe Paul Tillich (1886–1965) beschrieb den Geist – das Fühlen und Denken – als notwendige Dimension des Lebens. Viele Seelsorger beklagen allerdings seit Jahrzehnten eine Vernachlässigung dieses Themas in den Volkskirchen.

Pfingstkirchen und charismatische Bewegung – Zukunft des Christentums?

Ein charismatischer Aufbruch stand nach den biblischen Berichten am Anfang des Christentums und dem Beginn der Ausbreitung der christlichen Botschaft. Eben daran erinnert Pfingsten, der Geburtstag der Kirche. Immer mehr Menschen wollen das Christentum nicht nur über den Kopf erfahren, sondern mit allen Sinnen spüren – viele suchen nach einer unmittelbaren Begegnung mit dem Geist Gottes und der Heilung ihrer Seele durch zum Teil ekstatische Gebetsformen. Kirchenhistoriker beobachten zurzeit weltweit einen Aufbruch dieser Glaubensformen. Das rasante Wachstum der charismatisch-pfingstkirchlichen Bewegung, die das Wirken des Heiligen Geistes betont, hat auch Auswirkungen auf die Ökumene. Nach Ansicht des Weltkirchenrates in Genf hat sich das Gravitationszentrum der Christenheit bereits von Nord nach Süd verschoben. Schätzungen zufolge rechnen sich weltweit rund 500 Millionen – ein Viertel von rund zwei Milliarden Christen – den pfingstlichen und charismatischen Aufbrüchen zu, die Mehrheit davon lebt auf der südlichen Hälfte des Globus. Es ist damit die am stärksten wachsende christliche Bewegung und die sogenannte Dritte Welt wird für die Kirche immer wichtiger. In den Ländern des Südens, in Lateinamerika, Afrika und Asien, gibt es offenbar eine natürliche Offenheit für diese Geistdynamik. Doch die Wahl des deutschen Theologen Kardinal Joseph Ratzinger zum Papst Benedikt XVI. zeigt, dass die traditionelle europäische Theologie weltweit immer noch Anerkennung findet.

Die neue Suche nach religiöser Erfahrung im Zeichen des Heiligen Geistes geht quer durch alle Konfessionen und wird seit Jahren auch innerhalb der deutschen Kirchen immer stärker. So treffen sich der „Charismatischen Erneuerung in der katholischen Kirche" zufolge Anfang des 21. Jahrhunderts mehr als 10.000 Katholiken jeden Alters in Gebetsgruppen und Gemeinschaften. Auch im Protestantismus sind es laut der „Geistlichen Gemeinde-Erneuerung in der Evangelischen Kirche" mindestens 10.000 Menschen. Dazu engagieren sich mehrere Zehntausend in charismatischen Gruppen und Pfingstgemeinden. Da diese Bewegung nicht hierarchisch und zentral organisiert ist, sind Zahlenangaben mit Vorsicht zu bewerten. Der evangelische Theologieprofessor Peter Zimmerling aus Leipzig deutet das Interesse an neuen geistlichen Formen als Antwort auf eine zunehmende Entkirchlichung Mitteleuropas. Die Suche nach unmittelbarer spiritueller Erfahrung sei modern, weil wir in einer sogenannten Erlebnisgesellschaft und einer zunehmend technisierten Welt leben und weil die Moral an Stellenwert offenbar verloren hat. Dem kommt das charismatische Grundanliegen – „Gott mit Leib und Seele zu loben" – entgegen.

Die neuen charismatischen Bewegungen in den deutschsprachigen Ländern glauben daran, dass seit dem Jahr 1960 herum Christen in fast allen Konfessionen in der ganzen Welt einen überraschenden Aufbruch erleben. Sie erfahren eine tiefe Anrührung durch den Heiligen Geist, die sich auswirkt auf alle Bereiche ihres Lebens. Dies sei die Antwort Gottes auf die besonderen Nöte dieser Zeit. „Durch innere Heilung und Vergebung treten Veränderungen im Leben ein. Zerbrochene Beziehungen werden heil. Der Alltag verändert sich", heißt es in einer Werbeschrift der geistlichen Gemeinde-Erneuerung in der Evangelischen Kirche. In der Praxis der charismatischen Frömmigkeit spielen die sogenannten „Charismen" vom griechischen Wort charisma für Gabe oder Geschenk eine große Rolle. Das sind etwa das prophetische Reden und die Heilung von Krankheiten mit Gebeten: „Die Gottesdienste sind erfüllt von neuer Freude am Wort Gottes und inspirierendem Lobpreis, der zur Anbetung Gottes führt und einen Raum zum Heilwerden eröffnet." Die Evangelische Zentralstelle für Weltanschauungsfragen meint dazu: „Die vielfältigen Ausdrucksformen charismatischer Frömmigkeit nötigen zu differenzierter Beurteilung." Sie seien auf der einen

Seite eine Hilfe zum Glauben an Christus, können aber auch Flucht in eine vermeintlich heile Welt sein. Das christliche Zeugnis der Charismatiker sei anzuerkennen und zu würdigen. Zugleich sei eine kritische Auseinandersetzung nötig, wenn etwa „die Vorläufigkeit und Gebrochenheit christlichen Lebens unterschätzt wird, wenn eine seelsorgerliche Verarbeitung von bleibenden Krankheiten und Behinderungen verweigert wird". Problematisch sei auch, wenn ein in Gut und Böse eingeteiltes Weltbild sich mit dem Kampf gegen Geister und Dämonen verbindet. Die Volkskirchen rufen jene zur Vorsicht auf, die solche „Intensivformen der Gottesbegegnung" als Maßstab für den eigenen Glauben nehmen. Während es in allen traditionellen Konfessionsfamilien wie Protestanten, Katholiken und Orthodoxen charismatische Gruppierungen gibt – auch innerhalb der Volkskirchen –, sind Pfingstkirchen zwar protestantisch geprägt, betonen aber ihre konfessionelle Unabhängigkeit. Mittlerweile verwischen sich allerdings gelegentlich die Grenzen zwischen charismatischen Erneuerungsbewegungen und den Pfingstkirchen, da beide Strömungen oft Koalitionen bilden gegen einen vermeintlichen weltweiten Verfall traditioneller Werte.

Wie zu Zeiten der Bibel geraten in charismatischen oder pfingstkirchlichen Gottesdiensten die Gläubigen wie die Jünger Jesu in Ekstase oder wollen durch Handauflegen körperliche oder seelische Krankheiten heilen. Unmittelbare spirituelle Erfahrungen sind ihnen wichtiger als kirchliche Hierarchien oder religiöse Dogmen. „Die Kraft des Heiligen Geistes, die Jesus Christus von den Toten auferweckte, wird bis heute in den Nachfolgern Jesu wirksam." Dieses Bekenntnis der pfingstlich-charismatischen Bewegungen löst bei immer mehr Menschen weltweit Hoffnungen aus, nicht nur in den Ländern des Südens. Traditionelle Kirchen vor allem im Norden stehen solchen Aussagen jedoch skeptisch gegenüber. Theologen warnen vor religiösen Gruppen, die chronisch Kranken oder Behinderten spektakuläre Wunderheilungen von Krebs oder psychischen Störungen anbieten. Der Unterschied zwischen Pfingstlern sowie

Charismatikern auf der einen und den Volkskirchen auf der anderen Seite zeigt sich neben ihrem intensiven Gebetsleben vor allem in den Gottesdiensten. Mit Inbrunst wird etwa einem Augenzeugenbericht zufolge in einem pfingstlich geprägten Gottesdienst im brasilianischen São Paulo der imaginäre Teufel mit Schreien „Geh weg, geh weg" vertrieben. Gläubige verfallen in Ekstase und berichten von Wunderheilungen durch Handauflegen. Die Prediger dieser Bewegungen haben oft keine formale theologische Ausbildung. In den 1970er Jahren wurde die Verbreitung pfingstlerischer Sekten in Lateinamerika offenbar durch konservative US-amerikanische Kirchen unterstützt. Doch heute entstehen weltweit immer mehr eigenständige Pfingstlergemeinden.

Der Heilige Geist verkörpert die Kraft Gottes, die sich als Lebenskraft oder Energie zum Neubeginn äußert. Im Heiligen Geist tritt nach christlicher Theologie Gott selbst als Person mit einem eigenen Willen auf. Charismatische Gottesdienste setzen diese Theologie mit populären Elementen um. Mitreißende Lieder und enthusiastisches Gebet stehen im Vordergrund. Diese geistige Spritzigkeit zieht vor allem viele junge Christen an. Die historisch gewachsenen Kirchen beneiden die neuen christlichen Bewegungen um ihre geistliche Lebendigkeit und Kraft. Spirituelle Erneuerung ist wesentlich, sonst erstarren die Kirchen in ihrer zum Teil jahrhundertealten Routine, erklärt der Weltkirchenrat. Protestanten, Anglikaner, Orthodoxe, Katholiken, Evangelikale sowie Pfingstler und charismatische Christen sind sich weitgehend darin einig, dass die Kirche der Zukunft wieder heilen und versöhnen muss. Schließlich ist eine Religion, die keine heilende und rettende Kraft hat, bedeutungslos.

Sehnsucht nach Spiritualität – Pilgern boomt

Die wachsende Sehnsucht nach Geistigkeit, losgelöster Körperlichkeit und neuen Formen religiöser Erfahrung äußert sich unter anderem in der Renaissance des Pilgerns. In Deutschland wurden dazu alte Pilgerpfade wie die Jakobswege wieder belebt und innerhalb der europaweiten Initiative „Pilgrimage" der Konferenz Europäischer Kirchen zu einem bundesweiten Wegenetz verknüpft. Der Pilgerweg soll in Beziehung gesetzt werden zu dem eigenen Lebensweg. Pilgern gilt damit als ein Symbol für die lebenslange Suche nach Gott, für die mystische Sehnsucht nach der Erfahrung einer höchsten Wirklichkeit und Gottesbegegnung. Für große Aufmerksamkeit sorgte im Frühjahr 2006 das Buch „Ich bin dann mal weg" des TV-Moderators und Comedians Hape Kerkeling. Es wurde zum enormen Erfolg. Kerkeling war im Sommer 2001 fast 800 Kilometer auf dem nordspanischen Jakobsweg nach Santiago de Compostela gepilgert.

Doch nicht nur das Pilgern dient der Kontemplation im Gegensatz zum rationalen Denken. Das Christentum kennt viele unterschiedliche Wege zur geistigen Vertiefung. Was aber ist Spiritualität? Die spirituelle Lebenshaltung und die Verbindung des menschlichen Geistes zu einer göttlichen Instanz oder einer höheren Wirklichkeit wird vor allem durch Gelassenheit charakterisiert. Gesunde Spiritualität muss allerdings im Alltag verwurzelt sein und hat nichts mit abgehobenen esoterischen Glücks- oder Heilswegen zu tun. Ein spiritueller Mensch muss auch Verantwortung für sich und andere übernehmen, betonen Theologen und Religionsphilosophen. Religiöse Empfindungen, mystische Erfahrung und transzendente Erlebnisse sind auch für moderne Menschen notwendig. Die Verkümmerung der „emotionalen Dimension" seit dem Zeitalter der Aufklärung Ende des 17. Jahrhunderts und der damit einhergehenden Überbetonung des kritisch-rationalen Verstandes hat offenbar auch zu einem Verlust an Menschlichkeit geführt. Die Kirchen bauen ihr Angebot für spirituelle Unterweisung und Meditation seit Jahren zwar kontinuierlich aus. In fast allen evangelischen Landeskirchen und katholischen Bistümern gibt es Zentren für Kontemplation, Stille und Exerzitienhäuser. Viele Orden haben seit langem ihre Tore für Kurzzeitbesucher geöffnet. Geistliche haben sich zu Meditationslehrern oder zu geistlichen Begleitern ausbilden lassen. Dies ist eine Gegenbewegung, denn besonders die evangelische Theologie hat mindestens zwei Generationen lang alles abgewehrt, was nach Mystik aussieht. Dies mag zum Teil eine Abwehrbewegung der Kirchen gegen die erfolgreiche Konkurrenz der Esoterik mit ihrem unklaren Weltbild oder eine Reaktion auf den Schatten des völkisch-nationalen Ideals des Nationalsozialismus gewesen sein. Die Theologen nach dem Zweiten Weltkrieg setzten auf die helle Vernunft der Aufklärung. Vielleicht leben Spiritualität und Mystik aber auch in Wellenbewegungen. Noch in den 1980er Jahren hieß es in einem theologischen Lexikon: „Auf evangelischer Seite ist die Mystik als Bestandteil der Frömmigkeit inzwischen weithin verschwunden, aber auch innerhalb der griechisch-orthodoxen und der römisch-katholischen Kirche ist schöpferisches oder auch nur nachschaffendes mystisches Denken und Erleben selten geworden." Heute befinden wir uns zweifellos in einer Zeit, in der Spiritualität und Mystik Hochkonjunktur haben.

Mysterium Mystik – Stimmen aus dem Himmel

Mystik, abgeleitet aus dem Griechischen für „eingeweiht werden" oder „sich Augen und Mund schließen lassen", bezeichnet ein Urphänomen religiösen Erlebens. Mystik ist keine eigene Religion, jedoch finden sich in allen Weltreligionen mystische Elemente. Die Mystik prägt in verschiedenen Formen vor allem die Geschichte des Christentums. In allen Epochen haben Mystiker ihren Weg zur „unio mystica", der ekstatischen Gottesschau, beschrieben. Hildegard von Bingen ist eine der bedeutendsten Vertreterinnen der mittelalterlichen Frauenmystik. Hildegard beschrieb ihre Visionen als „innerliche Schau" von hellem Licht: „Ich sehe diese Dinge vielmehr einzig in meiner Seele, mit offenen leiblichen Augen." Diese Offenbarungen wurden begleitet von „Stimmen aus dem Himmel". Im 16. Jahrhundert gingen in Spanien durch die Mystikerin und Karmeliterin Teresa von Ávila (1515 – 1582) reformerische Impulse für die Kirche aus. In der Kirchengeschichte treten Mystiker oft auf, wenn die Institutionen einer bestimmten Religion zu erstarren beginnen.

Für den rumänischen Religionshistoriker Mircea Eliade (1907 – 1986) gehört die Mystik zu den ältesten Grunderfahrungen des Menschen überhaupt. Sie ist Ausdruck der Einheit mit der Gottheit und gehört zu den tiefsten Schichten des menschlichen Bewusstseins. Mystische Erfahrungen sind zwar nur von kurzer Dauer. Auf der anderen Seite sind sie jedoch so einschneidend, dass Mystiker ihr Leben danach oft von Grund auf verändern. Mystische Elemente finden sich neben der Religion auch in der Kunst. So ließ etwa der 1978 tödlich verunglückte niederländische Künstler Ben d'Armagnac bei einer Performance in New York 40 Minuten lang einen kalten Wasserstrahl auf sein Herz richten, um „eine transzendente Erfahrung auszulösen". Auch der 1986 verstorbene Joseph Beuys berief sich in seinen Installationen, Happenings und Aktionen auf mystische Vorbilder wie auf schamanistische Lehren, magische Weltbilder oder die kosmologisch-weisheitliche Lebenskunde der Anthroposophie und ihren Begründer Rudolf Steiner (1861 – 1925).

Ohne das Einüben einer mystischen Spiritualität haben die Kirchen keine Zukunft. Dies haben prominente Theologen in den vergangenen Jahren immer wieder betont. Tatsächlich hat sich in den westlichen Staaten parallel zu den großen Weltreligionen eine starke spirituelle Bewegung etabliert. Immer mehr Menschen suchen die Erlösung von ihrer geistlichen Leere außerhalb der traditionellen Kirchen. „Es klingt paradox, aber es gibt heute eine Religiosität ohne Gott", beschreibt der 1925 geborene Benediktinerpater und Zen-Meister Willigis Jäger das Phänomen: „Die

Menschen suchen etwas. Sie suchen eine religiöse und mystische Erfahrung, die sie in der Kirche nicht mehr finden." Es sei bedauerlich, dass es im Christentum kaum mehr wirkliche Meister gebe, die einen Menschen auf dem mystischen Weg begleiten können, beklagt Jäger. Spiritualität schließt Ruhe, Friede, Toleranz und Güte ein – schließt berechtigten Zorn über Ungerechtigkeit aber nicht aus. Spirituelles Leben verwirklicht sich zudem in Bescheidenheit bis hin zur Demut sowie Friedfertigkeit. Wer auf dem inneren Pfad der Bewusstseinsentwicklung vorankommt, erlebt Meditationslehrern zufolge ein Erwachen, das als „Wiedergeburt" und als Befreiung, Erlösung oder Erleuchtung erfahren wird. Dies hat jedoch nichts mit „Selbstverwirklichung" zu tun. Ob nun an ein ewiges Leben wie im Christentum oder an eine durch mehrere Leben wandernde Seele oder einen Bewusstseinsstrom geglaubt wird, hängt zum größten Teil offenbar auch vom Kulturkreis ab, in dem ein Mensch aufwächst.

Der „spirituelle Weg" ist nie problemlos und kann nicht in einer Art „Checkliste" festgelegt werden. Die religiösen Schulen berichten von vielfältigen Schwierigkeiten, Gefahren und Krisen. Man weiß von Schülern, die nach intensiver Meditation Stimmen hören, sich verfolgt fühlen oder eine Angstneurose entwickeln. Auch auf dem Gebiet der Psychologie vermischt sich zunehmend Therapie mit Esoterik und Religion. Hier hat in den vergangenen Jahren ein Trend eingesetzt, den man mit „Spiritualisierung" kennzeichnen kann. Ein Beispiel unter vielen ist etwa die populär gewordene sogenannte systemische Aufstellungstherapie, in der verborgene seelische Störungen durch ein „wissendes Feld" aufgedeckt werden sollen. Aufstellung heißt, in einer Gruppe von Personen „spielen" fremde Menschen für den Hilfesuchenden die Mutter, den Vater sowie Bruder, Schwester oder andere Angehörige. Hat ein Mensch etwa seit seiner frühen Jugend Probleme mit seiner Familie, sollen Menschen außerhalb der Familie stellvertretend zu einer Lösung beitragen. Die Technik ist umstritten.

Mehrere hundert verschiedene „spirituelle" Ansätze kämpfen neben den wissenschaftlich begründeten Therapieverfahren um Anerkennung und Klienten. Dabei missverstehen nach Angaben von Psychologen viele Hilfesuchende Therapien auch als Religionsersatz. Problematisch wird es, wenn bestimmte Therapiemethoden Glück und Zufriedenheit versprechen. Solche Zustände sind zwar kurzfristig durch Suggestion und Autosuggestion herstellbar, lassen sich aber langfristig nur als Ergebnis eines gelungenen Alltags herstellen.

Vor fehlgeleiteter Spiritualität warnt der lutherische Theologe Fulbert Steffensky. Die Suche nach neuen Visionen und scheinbaren mystischen Erfahrungen treibe viele Menschen aus der Realität. Spirituelle Erfahrung sei keine Selbsterfahrung, sondern eher Selbstvergessenheit. Steffensky ermutigt dazu, das „einfache Alphabet der Frömmigkeit" neu zu lernen. Dazu gehöre auch die Praxis des regelmäßigen Gebets. Christen seien hier nicht auf Konzepte anderer Religionen angewiesen, so Steffensky, der mit der streitbaren Theologin Dorothee Sölle (1929 – 2003) verheiratet war. Religionsphilosophen weisen daher immer wieder darauf hin, dass gesunde Spiritualität im Alltag verwurzelt sein muss. Der Buddhismus etwa weiß, dass es auf dem verschlungenen Pfad des wirklichen spirituellen Lebens sehr alltäglich zugeht: vor der Erleuchtung Geschirr spülen und einkaufen gehen – nach der Erleuchtung Geschirr spülen und einkaufen gehen.

Eins mit dem Kosmos

Spirituelle Menschen haben offenbar eine tiefe Ahnung davon, dass es eine Art „Wirklichkeit hinter der Wirklichkeit" gibt, die die vor Augen liegenden Dinge durchdringt. Damit ist freilich keine Parallelwelt oder eine spiritistisch verstandene Geisterwelt gemeint. Spirituelle Wahrnehmung ist vielmehr eine erweiterte, achtsame

Wahrnehmung: Wer auf diese Weise in die Welt schaut, für den kann ein Lichtreflex auf einer Wasserkanne zur mystischen Erfahrung werden. Dies ist vor allem ein intuitives Empfinden, das das Unterbewusstsein und alle Sinne mit einbezieht. Auf diese Art des Denkens scheint das menschliche Gehirn sogar spezialisiert: Auch Nichtgläubige können sich durch spirituelle Praktiken wie Meditieren in einen Ausnahmezustand versetzen und sich „eins mit dem Universum" fühlen, heißt es zum Beispiel in einer Studie von Neurologen der Universität von Pennsylvanien (USA). Teile des Gehirns ließen sich etwa mit Gebet oder religiöser Musik in einen Zustand tiefer innerer Ruhe und Glücks versetzen.

Für einen „kosmischen Optimismus" als spirituelle Grundhaltung plädiert der renommierte britische Religionsphilosoph John Hick aus Birmingham. Dieser Optimismus gründet in einem absoluten Vertrauen darauf, dass das Universum einen Sinn hat. Dies könne über die dunkelsten Momente im Leben hinweghelfen, so der 1922 geborene prominente Vertreter der pluralistischen Theologie, die den Absolutheitsanspruch einzelner Religionen bestreitet. Hick: „Alles, was wir wissen müssen, ist, wie wir hier und jetzt leben sollen." Spiritualität ist daher auch Weisheitswissen. Dieses hat seine Grundlage in der konkreten Erfahrung. Das heißt: Wer das Leben voll auskostet, wird weise. Wichtig ist auch die intuitive Ahnung, dass allem ein Geheimnis innewohnt, wird in alten mystischen Schriften betont. Auch für Martin Luther sprach Spiritualität immer den ganzen Menschen mit allen Sinnen an und war keineswegs nur an religiös-fromme Rituale gebunden. In einem „Trostbrief" riet der Reformator dem an Depressionen leidenden Fürsten Joachim von Anhalt, er solle immer „fröhlich sein, reiten, jagen und an guter Gesellschaft sich fleißigen, die sich göttlich und ehrlich mit ihm freuen können".

Paramentik –
die Farben der Feiertage

Weiß, die Farbe des Lichtes, für Weihnachten und Ostern, Rot, die Farbe des Blutes und Feuers, für Pfingsten und Grün, die Farbe des Wachstums und der Hoffnung, für die Trinitatiszeit – die Stoffe und Textilien im Kirchenraum und in der Liturgie, sogenannte Paramente, markieren mit ihren wechselnden Farben und ihrer christlichen Symbolik die Abschnitte des Kirchenjahres. Christen pflegen die hochwertige Kunst der Ausstattung von Kirchen mit liturgischen Textilien und Gewändern seit etwa dem vierten Jahrhundert. Sie geht auf den lateinischen Ausdruck „parare mensam", einen Tisch bereiten, zurück. Der Sinn für Ästhetik ist allerdings nicht mehr bei allen kirchlichen Amtsträgern verbreitet. Die Anbieter hochwertiger Paramentik klagen häufig über Desinteresse in künstlerischen und liturgischen Fragen und wünschen sich mehr Mut für zeitgenössische Kunst und Farbenfreude in der Ausbildung evangelischer Theologen.

Immerhin verstärken sich seit einigen Jahren die Bestrebungen in den evangelischen Kirchen, den Talar durch eine Stola in der liturgischen Farbe der jeweiligen Zeit des Kirchenjahres aufzuhellen. Nachdem bereits in der Reformation im 16. Jahrhundert viele Paramente und Bilder aus den Kirchenräumen verschwanden, wurde mit der Einführung des schwarzen Talars zu Beginn des 19. Jahrhunderts durch König Friedrich Wilhelm III. die liturgische Funktion der Amtstracht auf ein Minimum reduziert. Die Gelehrtentracht verwies auf den akademischen Stand des protestantischen Theologen. Im 19. Jahrhundert kam es als Reaktion auf die allzu karge protestantische Liturgie zu einer Renaissance der Paramentik: Die Bekleidung des Altars und anderer Gegenstände im Kirchenraum trat wieder in den Vordergrund. „Wer im Überschwang des Heiligen Geistes lebt", erklärte 1857 der Begründer der evangelischen Textilkunst, der bayerische Pfarrer Wilhelm Löhe, hat ein „tiefes Gefühl für alles Schickliche und Schöne". Löhes Schrift „Vom Schmuck der Heiligen Orte" fiel in eine Zeit des künstlerischen Aufbruchs und der kunstgewerblichen Reformbewegung, die um 1900 im Jugendstil ihren Höhepunkt erreichte. Heute kämpfen die Paramentik-Werkstätten, die in der 1927 gegründeten Marienberger Vereinigung für evangelische Paramentik in Deutschland zusammengeschlossen sind, zum Teil um ihre Existenz. Einigen Werkstätten ist der Kontakt über die Kirchenmauern hinaus gelungen. Für die aus der Kirche stammende Textilkunst interessieren sich mittlerweile auch Banken, Wirtschaftsunternehmen und öffentliche Einrichtungen.

Die Trinitatiszeit

Grün ist die Farbe der auf den Osterfestkreis folgenden Trinitatiszeit, die mit dem auf Pfingsten folgenden Trinitatissonntag, dem Dreifaltigkeitssonntag, beginnt. Das Trinitatisfest ist ein sogenanntes Ideenfest; es entsprang dem Bedürfnis der Gläubigen, die Dreieinigkeit Gottes zu feiern. 1334 wurde das Fest durch Papst Johannes XXII. offiziell etabliert. Die katholische Kirche zählt nicht wie die evangelische die Sonntage nach Trinitatis, sondern die „Sonntage im Jahreskreis" mit dem Christkönigssonntag als Abschluss.

Mit dem Trinitatissonntag beginnt das Halbjahr ohne große Feste wie Weihnachten und Ostern. Im Gegensatz zum Halbjahr des Herrn von Advent bis Pfingsten ist es das Halbjahr der Kirche. Je nach Ostertermin gibt es bis zu 24 Sonntage nach Trinitatis, von denen jeder einem eigenen Thema gewidmet ist, zum Beispiel Versöhnung, Krankenheilung, Trost oder Tod. In der langen Reihe der Sonntage nach Trinitatis heben sich einige Fest- und Gedenktage hervor: die rein katholischen Gedenktage Fronleichnam am zweiten Donnerstag nach Pfingsten und das Herz-Jesu-Fest am Freitag nach Fronleichnam. Der Johannistag am 24. Juni erinnert an die Geburt von Johannes dem Täufer. Es folgen Michaelis am 29. September, Erntedank meist am 1. Sonntag nach Michaelis, das Reformationsfest am 31. Oktober, die katholischen Feiertage Allerheiligen am 1. sowie Allerseelen am 2. November, der Martinstag am 11. November und der rein protestantische Buß- und Bettag am Mittwoch vor dem Ewigkeitssonntag.

Heilige Dreifaltigkeit

Am Trinitatissonntag selbst erinnern die evangelische und die katholische Kirche an die „Heilige Dreifaltigkeit". Im Mittelpunkt der Gottesdienste steht der christliche Glaube an die Einheit Gottes als Vater, Sohn und Heiliger Geist. Kaum ein Gegenstand des christlichen Glaubens erscheint heute so rätselhaft wie das Bekenntnis zu dem dreieinigen Gott. Die göttliche Dreieinigkeit wurde früher zum Teil in Form einer Krone mit drei Zacken symbolisiert. Je ein Zacken steht für Gott, für Jesus Christus und für den Heiligen Geist. Die Krone selbst aber ist eine Einheit. Die frühe christliche Kirche der ersten Jahrhunderte musste erklären, warum Gott – obwohl ihm drei Namen zugesprochen werden – eine Einheit ist. So hat man in kirchenhistorisch bedeutenden Kirchenversammlungen (Konzilen) im vierten Jahrhundert festgelegt, dass Jesus Christus und der Heilige Geist „gleichen Wesens mit dem Vater" sind. Gott wird damit selbst als Einheit bezeichnet, die in drei Formen den Menschen gegenübertritt. Damit sorgte man kirchenpolitisch für Ruhe. Schließlich führten gerade Auseinandersetzungen um die Lehre von der Trinität in der Kirchengeschichte zu tiefen Gräben zwischen den Christen. Der Glaube an den einen Gott in drei Gestalten erscheint dennoch bis heute vielen als Anfechtung. Die Lehre von der Trinität ist zum Dogma geworden, das kaum noch jemand versteht.

Besonders Anhänger anderer Religionen wie etwa des Islam registrieren diese komplizierte christliche Lehre meist mit Kopfschütteln. Scheint es schon schwer genug, in der modernen Welt überhaupt noch an Gott zu glauben, so erscheine die Zumutung, diesen einen Gott in der Dreigestalt von Vater, Sohn und Geist zu erkennen, vollends als verwirrend und abschreckend, räumen auch evangelische Theologen ein. Besonders während der Reformation im 16. Jahrhundert wurde vor übertriebenen Spekulationen über die Beziehungen zwischen Vater, Sohn und dem Heiligen Geist gewarnt. Heute versuchen moderne Auslegungen die Heilige Dreifaltigkeit als dynamischen Prozess zu vermitteln: Gott gebe sich den Menschen im Heiligen Geist zu erkennen. Diese unmittelbare spirituelle Erfahrung sei zugleich die Basis für das Verständnis des Heils, das durch Jesus Christus vermittelt werde.

Fronleichnam

Nach dem Verständnis der Kirche ist Jesus Christus in jedem Abendmahl in Brot und Wein gegenwärtig. Eine öffentliche Demonstration für diesen Glauben ist das Fronleichnamsfest der römisch-katholischen Kirche. Es geht in seinem Namen auf die mittelhochdeutschen Worte „fron" für Herr und „lichnam" für Leib zurück. Es wird in der katholischen Kirche zu Ehren der Eucharistie, der Gaben Brot und Wein gefeiert. Das zehn Tage nach Pfingsten liegende und erst im 13. Jahrhundert eingeführte Fronleichnamsfest diente Katholiken nach der Reformation zur Abgrenzung von den Evangelischen. In den traditionellen Prozessionen wird eine geweihte Hostie in einer Monstranz (Schaugefäß) mitgeführt und verehrt. Nach evangelischer Abendmahlslehre ist Christus jedoch nach der Abendmahlsfeier nicht mehr in Brot und Wein gegenwärtig, im Gegensatz zum katholischen Glauben. In der Gegenreformation vom 16. bis ins 18. Jahrhundert war das Fronleichnamsfest daher ein Ausdruck selbstbewussten katholischen Glaubens.

Michaelistag

Mit dem Michaelistag am 29. September gedenken die Christen des Erzengels Michael und aller Engel, die der Christenheit im Auftrag Gottes ihre guten Dienste erweisen. Michael gilt als der kämpferischste der drei Erzengel, zu denen auch Gabriel und Raphael gehören. Nach der Offenbarung des Johannes (12,7 – 18) soll er in der Endzeit erfolgreich den letzten Kampf gegen den Satan führen. Schließlich kommt dem Erzengel im Weltgericht die Aufgabe des Seelenrichters zu. Mit der Seelenwaage werde er dann die Menschenseelen wiegen, heißt es. Michael ist in der Tradition zudem der Gegenspieler des gefallenen Engels Luzifer. Um Michael haben sich in der Volksfrömmigkeit viele Legenden gebildet. So soll die Pest im fünften Jahrhundert ihr Wüten eingestellt haben, als er über dem Tiber sein Schwert zurück in die Scheide steckte. Der Name Michael steht für „Wer ist wie Gott?". Dies deutet darauf, dass Michael nicht nur gegen das Böse, sondern auch gegen die Hybris des Menschen, wie Gott sein zu wollen, ankämpft. Michael gilt als der Schutzengel vieler Völker, auch der Deutschen. Martin Luther predigte oft an Michaelis und hob die Bedeutung der Schutzengel für die Seelsorge hervor, wenn er auch weitergehende Spekulationen ablehnte. Johann Sebastian Bach glaubte an die bewahrende Gegenwart der Engel. Er schrieb eine Kantate mit dem Text: „Bleibt ihr Engel, bleibt bei mir! / Führet mich auf beiden Seiten, / dass mein Fuß nicht möge gleiten."

Platz für Engel?

Wie sich die Mehrheit Engel vorstellt, zeigen heute Kinofilme wie „Stadt der Engel" (1998). Meg Ryan spielt eine Herzchirurgin, die um einen Patienten trauert. Ein Engel namens Seth (Nicolas Cage) erscheint, um sie zu trösten. Prägend für eine ganze Epoche ist Wim Wenders „Der Himmel über Berlin" (1987). Darin teilen die Engel Damiel und Cassiel über den Dächern und in den Straßen der damals noch geteilten Stadt Berlin Gedanken und Gefühle der Menschen. In der Weihnachtszeit wiederholen die TV-Sender gerne zwei alte US-amerikanische Weihnachtsfilme: Clarence ist ein Engel, der sich seine Flügel erst noch verdienen muss. In „Ist das Leben nicht schön?" von 1947 rettet er George alias James Stewart aus Lebensgefahr. Cary Grant wird 1947 in „Jede Frau braucht einen Engel" einem Bischof zu Hilfe geschickt, der anfangs nicht recht an die übersinnlichen Wesen glauben will.

Nachdem die Menschen durch Aufklärung und Technologisierung jahrzehntelang Abschied vom Übernatürlichen genommen haben, ist seit geraumer Zeit ein Gegentrend zu beobachten: Schon Ende der 1960er Jahre erkannte der US-amerikanische Religionssoziologe Peter L. Berger eine Wiederentdeckung der Transzendenz in der Gesellschaft. Diese verstärkt sich offenbar von Jahr zu Jahr. In Zeiten des geistigen und religiösen Umbruchs erscheinen Engel, um den Menschen neue Orientierung zu schenken, sagt der 1955 geborene Publizist und „Engelforscher" Uwe Wolff: „Sie sind Begleiter auf dem Lebensweg." Engel seien Pendler zwischen den Welten. „Als Gottes direkte Eingreiftruppe bringen sie Menschen in Bewegung." Für den Pastor und Psychotherapeuten Helmut Hark sind Engel Sinnbilder für Grenzüberschreitungen. In seinem Buch „Mit den Engeln gehen" versteht Hark den Umgang mit ihnen als einen therapeutischen Prozess, der Menschen wieder beziehungs- und liebesfähiger, aber auch kreativer werden lässt. Die Menschen sollen wieder lernen, auf die Bildersprache ihres Herzens zu hören.

Nach einer Umfrage glaubt rund die Hälfte der Deutschen an Engel. Die geflügelten Postboten Gottes gehören inzwischen zu den Kultobjekten. Doch „Theologen wissen am wenigsten von Engeln zu erzählen", heißt es in einer Studie über den Engelsglauben. Schließlich haben gerade die führenden protestantischen Theologen des 20. Jahrhunderts allen allzu romantischen Vorstellungen widersprochen und den Himmel leergeräumt. Für einige evangelische Theologen waren Engel nur noch „konkret-poetische Symbole", für andere schlicht „metaphysische Fledermäuse". Man könne nicht gleichzeitig in einer technisch-naturwissenschaftlichen Welt leben und an Geister, Engel und Dämonen glauben, lehrten sie.

Aber auch außerhalb des Christentums ist der Glaube an die Götterboten ausgeprägt. Ursprüngliche Heimat der Engelsvorstellungen ist wohl die Lehre des Zarathustra im alten Persien. Besonders in Krisenzeiten können Engel den Menschen Hilfe anbieten, sagen Engeldeuter heute. Gibt es also wirklich Engel? Das hängt von der Weltanschauung ab, mit der ein Mensch durchs Leben geht. Die Wissenschaft beschreibt Engel als Fabelwesen aus der jüdischen, christlichen und islamischen Mythologie. In der christlichen Bibel heißt es, Engel seien mit Bewusstsein begabte Geistwesen – allerdings verzichtet die Bibel auf eine nähere Beschreibung. Engel seien die Boten Gottes, steht dort schlicht geschrieben. Der Lyriker Rudolf Otto Wiemer (1905 – 1998) schrieb: „Es müssen nicht Männer mit Flügeln sein, die Engel. / Sie gehen leise, sie müssen nicht schreien, oft sind sie alt und hässlich und klein, die Engel…"

Erntedank

Mit dem Erntedankfest erinnern Christen an die enge Verbindung zwischen Mensch und Natur. In den Gottesdiensten wird der Dank für die Vielfalt des Lebens und die tägliche Nahrung zum Ausdruck gebracht. Mit dem Erntedankfest unterstreicht der Mensch, dass er die Schöpfung nicht unter Kontrolle hat und auf Gott angewiesen bleibt. Zumal der Mensch nach der Bibel selbst Teil der Schöpfung ist, beklagen viele Christen vehement die Zerstörung der Umwelt, Manipulationen am Erbgut sowie Missbrauch der Biotechnik. Die Themen Umweltschutz und Gentechnik spielen daher an diesem seit dem dritten Jahrhundert begangenen Kirchenfest in der Gegenwart eine immer größere Rolle. Mit der dabei in den Mittelpunkt gerückten Bitte des Vaterunsers „Unser tägliches Brot gib uns heute" wird zugleich an die Hungerkatastrophen in den ärmsten Ländern der Erde erinnert. Nach Angaben der Welternährungs-

organisation FAO leiden Anfang des 21. Jahrhunderts mehr als
150 Millionen Kinder unter fünf Jahren in Entwicklungsländern
an Unterernährung. Im christlichen Verständnis gehören Danken
und Teilen zusammen. Erntedank-Gottesdienste sind daher häufig
mit einer Solidaritätsaktion zugunsten notleidender Menschen
verbunden. Traditionell werden die Altäre zum Abschluss der
Ernte mit Feldfrüchten festlich geschmückt. Vor allem auch den
Kindern soll das Erntedankfest die Zyklen des Jahreslaufes und
der Nahrungsproduktion bewusst machen. Es soll zeigen, dass die
Milch ursprünglich nicht aus der Tüte und das Gemüse nicht aus
der Dose kommt.

Hat die Kirche die Tiere vergessen?

Dass Gott Mensch geworden ist, können sich die meisten Christen
vorstellen. Dass der Mensch Teil der Natur ist, wird dagegen von
vielen geradezu als Zumutung aufgefasst. Aber: „Wer gibt uns die
Berechtigung, Tiere ausschließlich nach unseren Bedürfnissen zu
züchten, um sie dann nach einem elenden Leben zu töten und zu
essen? Wie gehen wir gefühlsmäßig, ethisch und rechtlich mit der
totalen Unterordnung des nichtmenschlichen Lebens unter die
Ess-Bedürfnisse des Menschen um?", fragte in den 1990er Jahren
der ZDF-Journalist Wolf-Rüdiger Schmidt. Trotz einer Überarbei-
tung sind die Tierschutzgesetze seitdem nicht wirklich tierfreund-
licher geworden. Auch die meisten Kirchen in Deutschland halten
noch streng an einem auf den Menschen zentrierten Weltbild
fest. Doch immer mehr Christen wehren sich dagegen, Tiere als
seelenlose und verwertbare Objekte für die Nahrung oder für zum
Teil sogar unnötige Tierversuche zu behandeln. „Wir haben als
Christen versagt, weil wir in unserem Glauben die Tiere vergessen
haben", heißt es in dem 1988 von dem hessischen Pfarrerehepaar
Christa und Michael Blanke mit verfassten „Glauberger Schuld-

bekenntnis". Die Kirche sei bisher für das „Seufzen der misshandelten und ausgebeuteten Kreatur" taub gewesen. Auch andere Theologen verweisen auf die natur- und schöpfungsgeschichtliche Verwandtschaft von Mensch und Tier. Gerade an Erntedank wird in vielen Gemeinden für einen anderen Zugang zu unseren „nächsten Verwandten" geworben, die in Form von rund 55 Kilo Schweinefleisch, 20 Kilo Rindfleisch, zwölf Kilo Geflügel und 14 Kilo Fisch im Jahresdurchschnitt auf jedem deutschen Teller landen. Nicht erst der große Mediziner und Theologe Albert Schweitzer forderte „Ehrfurcht vor dem Leben". Christliche Tierschutzethik hat ihre Wurzeln bereits im Alten Testament. Zwar wurde der biblische Herrschaftsauftrag „Macht euch die Erde untertan" für ethisch niedrigstehende Interessen oft missbraucht. Aber im Alten Testament heißt es auch eindeutig: „Der Gerechte erbarmt sich seines Viehs; aber das Herz des Gottlosen ist unbarmherzig." (Sprüche 12,10). Zudem wird im hebräischen Teil der Bibel in die große Ruhe am Sabbat das Vieh mit einbezogen. Einige christliche Kirchen empfehlen vor diesem Hintergrund inzwischen, bei kirchlichen Gemeindefesten den Fleisch- und Wurstkonsum zu überdenken und Fleisch, wenn überhaupt, nur aus artgerechter Tierhaltung zu beziehen.

Reformation – die verwegenste Revolution aller Zeiten

Die evangelischen Kirchen besinnen sich alljährlich am 31. Oktober im Schatten ihres großen Reformators Martin Luther auf ihren Ursprung. Zugleich denken sie über ihre Zukunft nach. Die Kirche sei als die Überbringerin der christlichen Botschaft das „Instrument des göttlichen Rettungsunternehmens", erklärte der evangelische Theologe Helmut Gollwitzer (1908 – 1993) einmal. Die Kirche habe sich daher immer der Kritik zu unterwerfen. Auch Luther verglich die Kirche seiner Zeit mit ihrem ursprünglichen Anspruch.

Reformation hieß für ihn die Rückführung zur bereits festgelegten Norm, die für ihn in der alleinigen Autorität der Bibel lag. Als Theologieprofessor predigte Luther bereits seit 1516 in der Wittenberger Stadtkirche gegen den Ablasshandel, mit dem Gelder für den Bau des Petersdoms in Rom beschafft werden sollten. Dieses Großprojekt wurde von Papst Leo X. vorangetrieben. Nachdem es durch Luthers Thesen gegen den Ablass zu Unruhen kam, sprach der an theologischen Fragen nach zeitgenössischen Berichten völlig desinteressierte Leo X. von „Mönchsgezänk" eines Gelehrten im fernen und kalten Deutschland. Luther konnte nicht ahnen, dass seine um den 31. Oktober 1517 herum verbreiteten Thesen zum Ausgang einer gewaltigen kirchlichen Erneuerungsbewegung wurden, die der Historiker Heinrich von Treitschke (1834 – 1896) die „verwegenste Revolution aller Zeiten" nannte. Luther sagte, der Mensch könne weder durch Werke der Kirche noch durch eigene Werke selig werden. Gerechtfertigt vor Gott, so die Formel der Reformation, sei der Mensch allein durch den Glauben. Auch in der katholischen Kirche gibt es seit Jahren eine Debatte um Reformen. „Frohbotschaft statt Drohbotschaft" lautet eine Forderung der katholischen Laieninitiative „Kirche von unten". Ihre Ziele sind unter anderem: mehr Mitbestimmung, die Abschaffung des Pflichtzölibats und die Einführung des Frauenpriestertums.

„Dass unser Kirchenwesen in einem tiefen Verfall ist, kann niemand leugnen", klagte der „evangelische Kirchenvater" Friedrich Schleiermacher Anfang des 19. Jahrhunderts. Auch heute, rund 500 Jahre nach Martin Luthers 95 Thesen gegen die Missstände der spätmittelalterlichen Kirche, prangern protestantische Theologen innerkirchliche Unzulänglichkeiten an und rufen zu grundlegenden Reformen auf. Wenn sich die Kirche in Zukunft erneuern wolle, müsse sie vor allem ihre Botschaft ernst nehmen. Nachfrage gibt es genug: Nach wie vor suchen die Menschen Orientierung in den großen Fragen des Lebens nach Anfang und Ende, Schuld und Vergebung, Scheitern und Neubeginn. Die christliche Antwort auf diese Fragen kann aber nicht nur gepredigt und gelehrt, sondern muss auch mit lebendigen Gottesdiensten gefeiert werden. Nicht allein die Kirchen, sondern das Christentum selbst hat dramatisch an Bedeutung verloren, so der Zürcher Religionswissenschaftler Georg Schmid. Das Christentum zeige bei Menschen der abendländischen Kultur so gut wie keine Wirkung mehr. Christentum, christlicher Glaube und christliches Leben verflachten zur „moralischen Banalität nach 2000 Jahren sogenannter christlicher Geschichte", so Schmid in seinem Buch „Plädoyer für ein anderes Christentum". Der Schweizer Pfarrer plädiert für eine „andere Kirche". Die „übliche Kirche" bestehe aus einem Komplex von Rücksichten und Umsichten sowie einem Netz aus Ängsten, Erwartungen, Rechtgläubigkeit und Diplomatie. Sie erhalte nur noch sich selbst, setze aber niemanden und nichts in Bewegung. Die „andere Kirche" in Schmids Utopie ist dagegen zum Umdenken bereit und verzichtet auf das „ewige Lehren". Dogmen sind darin offen für Korrekturen: „Wie könnte Wahrheit je ein für alle Mal festgeschrieben werden?" Gottesdienste und Feiern müssten zum „Tor des Umdenkens" werden, denn auch Jesus Christus sei der „Meister des Umdenkens".

TRAUERTAGE

*Die radikale Grenze
des Lebens führt
zum achtsamen
Umgang mit der Zeit*

Trost für trübe Tage: die Trauerzeiten

Die einzelnen Stationen des Kirchenjahres spiegeln seelische Grundstimmungen wider. Am Ende des Kirchenjahres, in die kürzer werdende Zeit zwischen Morgen und Abend, fallen die Trauertage der Kirchen: das katholische Allerheiligen am 1. und Allerseelen am 2. November, der Buß- und Bettag Mitte November, der Volkstrauertag zwei Sonntage vor dem ersten Advent sowie eine Woche später der Ewigkeits- oder Totensonntag. Sie sollen die Menschen ermutigen und trösten, etwa wenn im vergangenen Jahr der Verlust eines Angehörigen oder eine Trennung zu beklagen war. Zugleich erinnern die christlichen Trauertage an die Vergänglichkeit des Lebens und die Allgegenwärtigkeit des Todes. Während die katholische Kirche an Allerheiligen wortwörtlich all ihrer Heiligen gedenkt, ist Allerseelen der Tag, an dem durch Fürbitte und Gebet das Leiden der armen Seelen erleichtert und der Verstorbenen gedacht werden soll. Die Angehörigen auf Erden wollen Antworten auf die Frage: „Wie kann ich so leben, dass ich zum Sterben bereit bin?" Die Melancholie der kirchlichen Trauertage ist allerdings keine Anstiftung zur Depression. Gerade die bewusste Anerkennung der Todesgrenze als der radikalen Grenze des Lebens führt zu einem achtsamen Umgang mit der Zeit. Zwar kann unbewältigte Trauer auch als eine Art von Krankheit betrachtet werden, die das Leben eines Menschen ernsthaft bedroht. Aber Trauer ist auch ein Prozess der Selbstheilung.

Raum für neue Lebensorientierung: Buß- und Bettag

„Und vergib uns unsere Schuld." Die Bitte des Vaterunsers eröffnet einen Weg zum Umgang mit dem Scheitern. Damit ist auch und vor allem das Scheitern bei der Hinwendung zu Gott gemeint. „Manchmal verdunkeln die Schatten der Schuld derart den Lebenshorizont, dass es dringlich ist, das loszuwerden, was bedrückt und quält und die Kraft zum Leben schmälert", heißt es in einer christlichen Lebenshilfe. Der Tag für solche Besinnung, für Umkehr und Buße, wurde in Deutschland allerdings vor einigen Jahren zum politischen Zankapfel: Der protestantische Buß- und Bettag, 1532 im mittelalterlichen Straßburg offiziell eingeführt, wurde 1995 zur Finanzierung der Pflegeversicherung in allen Bundesländern außer in Sachsen ersatzlos gestrichen. Begangen wird der Bußtag am ersten Mittwoch nach dem Volkstrauertag, der meist Mitte November liegt. Der Protest gegen die Streichung hat sich gelegt. Volksbegehren in mehreren Bundesländern zur Wiedereinführung des Buß- und Bettages als gesetzlichen Feiertags waren gescheitert. Selbst von den Kirchen kommen in jedem Jahr nur noch verhaltene Aufrufe zur Wiedereinführung des Bußtages als staatlichen Gedenktags. Kritiker hatten den evangelischen Kirchenleitungen vorgeworfen, sich nicht energisch und selbstbewusst genug für den Erhalt des protestantischen Feiertages gegenüber der Politik eingesetzt zu haben. Die evangelische Kirche bezeichnet die Abschaffung bis heute als Fehlentscheidung.

Der Feiertag dient dem Nachdenken über gesellschaftliche Irrtümer wie Ausländerfeindlichkeit, Umweltzerstörung und die Ausgrenzung von Armen und Obdachlosen. Doch auch wenn der Bußtag kein staatlicher Feiertag mehr ist, hat er seinen festen Platz im Kirchenjahr nicht verloren. Viele Gemeinden laden meist am frühen Abend zu Andachten ein, um auch Berufstätigen die Teilnahme zu ermöglichen. Die starke Resonanz auf dieses Angebot belegt, dass er im Leben der Menschen nach wie vor tief verwurzelt ist. Selbst die, die ihn früher lediglich als zusätzlichen Urlaubstag schätzten, wurden nach dem Verlust nachdenklich. An einem von 365 Tagen im Jahr muss neben dem Volkstrauertag, der seit 1952 auf Initiative des Volksbundes Deutsche Kriegsgräberfürsorge zwei Sonntage vor dem ersten Advent als staatlicher Gedenktag für die Opfer der Weltkriege begangen wird, und dem Ewigkeitssonntag in der Öffentlichkeit offenbar Raum für neue, kritische Lebensorientierung bleiben.

Martinstag

Am 11. November laden Gemeinden, Kindergärten und Schulen zum „Laternegehen" oder der katholischen Tradition folgend zum Sankt-Martins-Umzug ein. Der Martinstag erinnert an den im Jahr 397 gestorbenen Bischof Martin von Tours, der Kranke geheilt und Dämonen ausgetrieben haben soll. Der Legende nach teilte er als junger Soldat seinen Mantel mit einem frierenden Bettler. In der folgenden Nacht erschien ihm Jesus Christus im Traum; Jesus trug das Mantelstück, das Martin dem Bettler gegeben hatte. Martin ließ sich daraufhin taufen und wurde Geistlicher. Am Martinstag gesungene Lieder erfreuen sich großer Beliebtheit: „Martin ist ein guter Mann, zündet ihm die Lichter an" oder „Sankt Martin ritt durch Schnee und Wind" oder der Klassiker „Laterne, Laterne, Sonne, Mond und Sterne". Die Lichterumzüge sind das Relikt alter, spätherbstlicher Feuer- und Lichtbräuche.

Der Martinstag war während vergangener Jahrhunderte besonders auf dem Land von Bedeutung: Die Ernte war eingebracht, der Wein gekeltert und die Knechte und Mägde bekamen ihren Lohn. Am Martinstag wurde das Wirtschaftsjahr abgeschlossen. Das bedeutete aber auch, dass Pacht und Zinsen fällig waren. Diese Abgaben wurden zum Teil von den Bauern in Naturalien bezahlt, auch in Gänsen. Daher rührt der Name Martinsgans.

Das Ende des Kirchenjahrs: der Ewigkeits- oder Totensonntag

Der Ewigkeits- oder Totensonntag schließlich ist der letzte Sonntag des Kirchenjahres eine Woche vor dem ersten Advent. Als Totensonntag gilt der Tag seit einer Bestimmung von 1816 von König Friedrich Wilhelm III. von Preußen dem Andenken an die Verstorbenen besonders der vergangenen zwölf Monate, deren Namen in vielen evangelischen Gemeinden in den Gottesdiensten verlesen werden, als Ewigkeitssonntag gilt er dem Thema „ewiges Leben". Diese sinnige Verbindung trägt dem Umstand Rechnung, dass das irdische Leben der Christen zwar mit dem Tod sein Ende findet, jedoch die Hoffnung auf die Auferstehung der Toten besteht. Der Gedenktag geht auf eine Anregung aus der Reformationszeit zurück. Er bildet eine evangelische Alternative zum katholischen Allerseelentag. Der Ewigkeitssonntag wird erstmals Mitte des 16. Jahrhunderts in einer Kirchenordnung erwähnt. In Predigten wird zudem zu einem bewussten Umgang mit der Lebenszeit ermutigt. Wem es gelinge, Abschied und Tod im Alltag zu bewältigen, meistere auch sein Leben besser, hieß es bereits im Mittelalter. Vergänglichkeit wird so als Gewinn und nicht als Verlust erfahren.

Auf die Frage nach dem Tod antworten die Religionen der Welt höchst unterschiedlich. Im grundlegenden Apostolischen Glaubensbekenntnis bekennen Christen ihren Glauben an „die Auferstehung der Toten und das ewige Leben". Moderne Theologen warnen zugleich vor einer Verharmlosung der Radikalität des Todes durch Spekulationen über ein Weiterleben. Es stehe allein fest, dass die Geschichte Gottes mit dem Menschen auch nach seinem Tod weitergehen wird, bis seine Seele Ruhe findet.

Wo sind die Toten?

Glauben Sie an ein Leben nach dem Tod? Darauf gibt es nicht nur religiös geprägte Antworten: „Lasst euch nicht verführen! / Es gibt keine Wiederkehr", dichtete Bertolt Brecht. Heinrich Heine überließ den Himmel „den Engeln und den Spatzen". Löst sich der Mensch in nichts auf? Entscheidet sich sein Schicksal nur in einem Leben? „Wir sollen schlafen, bis er kommt und klopft an das Gräblein und spricht: Dr. Martinus, stehe auf! Da werde ich in einem Augenblick auferstehen und werde ewig mit ihm fröhlich sein", hoffte Martin Luther. Wenn die Toten am Jüngsten Tag von Christus auferweckt werden, wissen sie weder, wo sie waren noch wie lange sie tot waren, glaubte der Reformator. Auf die Hoffnung der Auferstehung von den Toten verweisen bereits die Glaubensartikel der ersten Christen. Sie machen aber keine Aussagen über ein Leben nach dem Tod. Mehr sollte man ihrer Auffassung nach nicht wissen wollen.

Aristoteles verglich die menschliche Seele mit den Gefangenen etruskischer Seeräuber. Diese wurden der Legende nach von ihren Peinigern an Leichen gebunden. Ähnlich verhält sich die Seele zum Körper, so der griechische Philosoph. Die Seele des Menschen, sagte der irische Dichter William Butler Yeats (1865 – 1939), ist durch seinen Körper wie „an ein sterbendes Tier gebunden". Der Tod ist danach eine Befreiung von dieser Fesselung. Voltaire, Goethe und andere Geistesgrößen hielten die Seelenwanderung für möglich. „Aber warum könnte jeder einzelne Mensch auch nicht mehr als einmal auf dieser Welt vorhanden gewesen sein?", schrieb Gotthold Ephraim Lessing 1780 und fügte hinzu: „Warum sollte ich nicht so oft wiederkommen, als ich neue Kenntnisse, neue Fertigkeiten zu erlangen geschickt bin? Bringe ich auf einmal so viel weg, dass es der Mühe wiederzukommen etwa nicht lohnet?" Wo kommt der Mensch her, was geschieht nach seinem Tod? Eine der Antworten auf diese uralte Frage ist die Lehre von der Wiedergeburt. Im alten Indien – Jahrtausende vor Christi Geburt – stellte man sich einen Kreislauf der von Geburt zu Geburt wandernden Seelen vor. Im Buddhismus wird die Reinkarnation nicht als Seelenwanderung aufgefasst, sondern als Impuls, der dem Karma – dem Trieb nach Sein, nach Befriedigung und Verwirklichung des Verstorbenen – entspringt. Allerdings kennt der Buddhismus kein „Ich", das von Geburt zu Geburt wandert, sondern nur eine Art Bewusstsein. Der Begründer der Anthroposophie, Rudolf Steiner (1861 – 1925), verknüpfte die Idee der Reinkarnation schließlich mit christlichen Inhalten.

Sehr in Mode gekommen sind heute sogenannte „Reinkarnationstherapien", bei denen Menschen in angebliche frühere Leben zurückversetzt werden und dort die Ursachen für Schwierigkeiten im heutigen Leben suchen. Christliche Theologen lehnen dies meist ab. Der biblische Glaube gehe davon aus, dass dem Menschen nur ein Leben geschenkt wird, heißt es. „Das uralte Bedürfnis der Menschen nach der Klärung des Woher und Wohin bleibt damit ein Thema von Glaube und Hoffnung, nicht von Gewissheit und Beweisbarkeit", so die Evangelische Zentralstelle für Weltanschauungsfragen in Berlin. Die Idee der Wiedergeburt habe mit dem Glauben an einen personalen, barmherzigen Gott wenig zu tun, bemerken die Kirchen. Das Christentum geht von einem geistigen Wesenskern des Menschen aus, der den Tod überdauert. Das katholische Lehramt versteht Leib und Seele jedoch nicht als getrennt, sondern als Einheit. Auch für evangelische Christen bilden die drei Elemente Geist, Seele und Leib eine ungeteilte Einheit bis zum Tod. Der Mensch hat demnach keine Seele, „er ist Seele". Der Wesenskern des Menschen besteht nach dem Tod fort, betont die katholische Glaubenslehre. Ein Aufenthaltsort zwischen Paradies und Hölle ist danach das strafende und reinigende Fegefeuer, das „Purgatorium". Den katholischen Gläubigen macht das keineswegs nur Angst. Es lässt sie vielmehr hoffen, dass am Ende die Täter von Gewalt und Unrecht nicht über ihre unschuldigen Opfer triumphieren.

Fegefeuer und Seelenschlaf

Wo sind also die Toten? Im Fegefeuer, im Himmel, der Hölle, oder gibt es eine Wiedergeburt? Die Frage nach dem Verbleib der Toten sei keine reine Spekulation, betonte der evangelische Theologe Jürgen Moltmann (geb. 1926). Jeder, der einen geliebten Menschen verloren habe, müsse diesen Verlust überwinden und weiterleben.

Moltmann: „Wir erfahren an uns selbst das Sterben, am anderen Menschen aber den Tod." Auf das Todesproblem antworten die Kulturen und Religionen der Welt höchst unterschiedlich. Papst Benedikt XII. führte 1336 die Vorstellung vom Fegefeuer in die katholische Dogmatik ein. Abschied genommen hat die katholische Kirche inzwischen vom sogenannten Limbus (lateinisch für Rand oder Saum), neben Himmel, Hölle und Fegefeuer ein Aufenthaltsort abgeschiedener Seelen. Der „Limbus infantium" galt lange Zeit als Ort der ungetauft verstorbenen Kinder. Sie hatten zwar keine Schuld auf sich geladen, waren aber auch nicht von der Erbsünde befreit, glaubte man. Daher mussten sie zwar keine Höllenstrafen leiden, konnten allerdings auch keine Beziehung zu Gott aufnehmen. Diese lange in der katholischen Theologie diskutierte Hypothese ist jedoch durch keine Stelle in der Bibel zu belegen. Theorien von einem Feuer, das die Gestorbenen reinigen soll, finden sich allerdings schon früher, etwa bei dem antiken Philosophen und Kirchenlehrer Origenes (um 185 bis 254). Unter anderem an der Kritik gegen den katholischen Sühnegedanken im Fegefeuer entzündete sich vor fast 500 Jahren die Reformation. Martin Luther entwickelte als Alternative die Lehre von einem tiefen, traumlosen, zeit- und raumentrückten „Seelenschlaf" ohne Bewusstsein und Empfindung: „Sobald die Augen sich schließen, wirst du auferweckt werden. Tausend Jahre werden sein gleich als du ein halbes Stündlein geschlafen hast." Moderne Theologen wie Moltmann favorisieren dagegen mit dem Reformator Johannes Calvin (1509 – 1564) den Gedanken an eine große „Wachheit der Seele" nach dem Tod. Die Toten sind danach vorerst weder verloren noch endgültig gerettet. Sie seien in einer „Hoffnungsgemeinschaft" von Toten und Lebenden verbunden. Moltmann: „Darum glaube ich, dass die Geschichte Gottes mit unserem Leben nach unserem Tod weitergehen wird, bis jene Vollendung erreicht ist, in der eine Seele Ruhe findet." Er glaube auch nicht an ein großes, endgültiges Strafgericht Gottes, erklärte Moltmann einmal auf einem Kirchentag, sondern eher an ein endgültiges „Zurechtbringen des getanen und erlittenen Unrechts". Jenen Zwischenzustand soll man sich vorstellen als einen weiten Lebensraum, in dem sich das zunächst auf Erden abgebrochene und zerstörte Leben frei entfalten kann. Moltmann: „Ich stelle ihn mir als eine neue Lebenszeit vor, in der die Geschichte Gottes mit einem Menschen zur Entwicklung und Vollendung kommt."

Die Seele: Gehirnfunktion oder Gottesfunke?

Was ist die Seele – lediglich eine Funktion des Gehirns oder doch der unsterbliche Teil im Menschen? Die Vorgänge im Bewusstsein und Unterbewusstsein gehören zu den letzten großen Rätseln der Wissenschaft. Forscher sind den Gemütsregungen und Stimmungen des Menschen seit langem auf der Spur und versuchen, der Seele zugeschriebene Eigenschaften wie Liebe, Mut, Treue oder sogar das Gewissen zu erklären. Die Seele als „geistige Innenausstattung" des Menschen ist eine „Metapher von verwirrender Vielfalt", bilanziert der Innsbrucker Psychiatrieprofessor Hartmann Hinterhuber. Zugleich hindert das Psychologen nicht daran, von Seelenkunde zu sprechen. Die Religionen indes haben das Erklärungsmonopol für die Seele längst verloren. Stattdessen wartet die Bewusstseins- und Hirnforschung ständig mit neuen Ergebnissen auf. Hier spricht man freilich anstelle von Seele von einem „Selbst". In der Philosophie und Psychologie hat sich dagegen der Begriff „Personalität" etabliert. „Um die Seele zu erklären", so der Professor für theoretische Psychologie, Dietrich Dörner, „muss ich sie als einen informationsverarbeitenden Prozess begreifen". Die Seele folgt danach einem Grundbauplan. Von Emotionen wie Liebe und Hass, Trauer und Freude bis zur Selbstreflexion, von sozialen Bedürfnissen bis hin zur Sprache – aus diesen einfachen Bausteinen und Verschaltungen entwickelt sich nach neuesten Forschungen die Psyche. Im Mittelalter galt die Seele noch als „göttlicher Funke" im Menschen. Heute warnen Forscher vor einer Überbewertung naturwissenschaftlicher Erkenntnisse über die menschliche Persönlichkeit oder das Selbst. Die Medizin müsse sich wieder auf ihre metaphysischen Wurzeln besinnen. Denn trotz aller naturwissenschaftlichen Bemühungen sind die grundlegenden Fragen des Zusammenspiels von Leib und Seele immer noch nicht geklärt und werden es womöglich auch nie.

Geht der Hölle das Feuer aus?

Alle sehnen sich nach paradiesischen Zuständen, nur in die Hölle will keiner. Die Anglikaner in England konnten deshalb 1996 aufatmen. Die Generalsynode ihrer Kirche schaffte bei ihrer Tagung in York die traditionellen Lehren von Höllenfeuer und ewiger Bestrafung ab. Der richtende Gott sei kein „sadistisches Monster", das Sünder zu ewiger Folter in der Hölle verurteilt, finden die Anglikaner. Hölle und Verdammnis würden besser mit „Nicht-Sein" beschrieben, heißt es in einer Studie der kirchlichen Lehrkommission. In deutschen Kirchen sieht man das anders. Auch wenn man den Begriff „Hölle" von allem mythologischen Ballast befreie, bleibe dennoch nicht „nichts" übrig, erklärte als Reaktion auf die Entscheidung der anglikanischen Kirche ein Sprecher der evangelischen Kirche. Das Christentum kenne eben nicht nur einen „lieben", sondern auch einen „zornigen" Gott. Dieser sei dabei aber kein „Sadist", der andere strafen wolle. Die evangelischen Landeskirchen in Deutschland rücken von ihren reformatorischen Bekenntnissen nicht ab. Und so gilt weiterhin, was das Augsburger Bekenntnis von 1530 lehrt: Dass „Jesus Christus am Jüngsten Tag" die „gottlosen Menschen aber und die Teufel in die Hölle und zur ewigen Strafe verdammen wird". Wie genau man sich diesen Zustand vorzustellen hat, bleibt jedoch das Geheimnis von Gottes Wirken.

Alptraumfantasien aus Hollywood

Je weiter die Kirchen zu Themen wie Hölle, Teufel, Engel und Dämonen auf Distanz gehen und mit Erklärungen geizen, desto mehr Entwürfe und Thesen liefern die Menschen außerhalb der Kirchen: „Die Hölle, das sind die anderen", formuliert Jean-Paul Sartre in seinem Bühnendrama „Geschlossene Gesellschaft" (1944). „Die Hölle sind wir", heißt ein amerikanischer Kriegsfilm (1968), in dem ein amerikanischer und ein japanischer Soldat auf derselben Pazifikinsel stranden. In „Im Auftrag des Teufels" (USA 1997) führt der Weg in den Feuersturm Hölle über die Eitelkeit. Passend zu dieser menschlichen Kardinalschwäche zitiert der Protagonist Kevin Lomax aus John Miltons „Paradise Lost" (1667): „Besser in der Hölle regieren, als im Himmel zu dienen." Aus Hollywood stammt auch der Film „Hinter dem Horizont" (1998), in dem ein Ehemann seine Frau, die sich das Leben genommen hat, aus einer trostlosen Hölle monströser Alptraumfantasien zu retten versucht. Hieronymus Bosch hat beklemmende Höllenvisionen gemalt. Auguste Rodin hat ein „Höllentor" (1926) nach Szenen aus Dante Alighieris „Inferno", einem Teil der „Göttlichen Komödie" (1307–1321), gestaltet.

Hölle muss weniger als Realität, sondern als Metapher und Bild verstanden werden. Hölle wird von Theologen weniger als jenseitiges Konzentrationslager, Gulag oder bloßes „Nicht-Sein" verstanden, sondern eher als „unentrinnbare Gottesferne". Denn Gott wäre weder gerecht noch konsequent, wenn das Unrecht am Straßenrand der Geschichte liegenbliebe.

Brücken zu Gott: Heilige

Im Himmel mus reges Treiben herrschen: Mehr als 4000 Heilige, Selige und Namenspatrone aus der 2000-jährigen Geschichte des Christentums zählen die einschlägigen katholischen Kalender. Hei-

lige sind keine „Akrobaten der Vollkommenheit", betonte einmal
der Kölner Kardinal Joachim Meisner. Heilige und Selige bildeten
vielmehr eine „Wolke der Zeugen" des Christentums. Vom heiligen
Antonius über die heilige Elisabeth von Thüringen bis zur heiligen
Walburga – sie alle werden von katholischen Gläubigen als „Vorbilder und Fürsprecher" betrachtet. Als einer der meistverehrten
Heiligen überhaupt gilt Franz von Assisi (um 1181–1226), der zu
einer spirituellen Erneuerung der christlichen Botschaft im Mittelalter beitrug. Die heilige Teresa von Ávila (1515–1582) zählt zu
den größten Frauengestalten der katholischen Kirche. Hildegard
von Bingen (1098–1179) – Ordensleiterin, Dichterin, Komponistin
und Schriftstellerin sowie einst als „Deutschlands größte Frau"
bezeichnet – wird freilich nur in der Volksfrömmigkeit als Heilige verehrt. Offiziell wurde der im 13. Jahrhundert eingeleitete
Heiligsprechungsprozess der Mystikerin nie abgeschlossen. Dagegen ging es noch nie so schnell wie bei der 1997 in Kalkutta
gestorbenen Friedensnobelpreisträgerin Mutter Teresa: Bereits
2003 wurde sie von der katholischen Kirche seliggesprochen – eine
Vorstufe zur Heiligkeit.

Die Heiligenverehrung entwickelte sich aus dem Märtyrerkult
der frühen Christenheit. Die Martyrien der „Blutzeugen" aus den
ersten Jahrhunderten sind eine Geschichte der Grausamkeit: Der
heilige Cyriacus etwa soll mit heißem Öl übergossen, der heilige
Georg in einen Kessel mit siedendem Blei gesteckt, der heilige Lau-
rentius von Rom bei lebendigem Leib geröstet und der Apostel
Simon Zelotes bei vollem Bewusstsein zersägt worden sein. Die
Horrorstorys sind allerdings nicht immer historisch belegt.

Von den zahlreichen Märtyrern des 20. Jahrhunderts dagegen
gibt es sogar Fotos. Die als Jüdin geborene und spätere Karmeliterin Edith Stein zum Beispiel. Die 1942 in Auschwitz ermordete
Stein wurde 1987 von Papst Johannes Paul II. selig-, 1998 heiliggesprochen. Maximilian Kolbe, Franziskanerpater und polnischer
Landsmann von Johannes Paul II., ging im Konzentrationslager

Auschwitz an Stelle eines Familienvaters in den Hungerbunker und wurde hingerichtet. Er wurde 1982 vom Vatikan kanonisiert.

Vielen Evangelischen ist die Heiligenverehrung in der katholischen Kirche sehr fremd, manchen gar ein Graus. Schließlich waren unter anderem Ausartungen dieses Kultes Anlass der Kirchenspaltung im 16. Jahrhundert. Die in der NS-Zeit ermordeten evangelischen Theologen und Widerstandskämpfer Dietrich Bonhoeffer und Paul Schneider etwa sind im Protestantismus vor allem wegen ihrer ethischen Haltung Vorbilder und werden nicht als „Fenster zu Gott" verehrt. Luther bekämpfte den Kultmissbrauch in der Kirche seiner Zeit aufs Heftigste. Zugleich würdigte er jedoch die Lebensbeschreibungen der Heiligen, die Hagiographien, neben der Bibel als „nützlichste Bücher der Christenheit". In den Lebensläufen der Heiligen sei belegt, wie sie „Gottes Wort von Herzen geglaubt, mit dem Munde bekannt, mit der Tat gepriesen und mit ihrem Leiden und Sterben geehrt und bestätigt haben", warb der Reformator.

Tod als Event – Wandel in der Trauerkultur

Wohin der Mensch oder seine Seele oder welcher Wesensteil auch immer nach seinem Tod kommen – in den Himmel, die Hölle oder sonst wohin –, bleibt unklar. Wir wissen dagegen, was mit dem Körper des Menschen nach seinem Tod geschieht. Die Bestattungskultur befindet sich allerdings in einem tiefgreifenden Wandel. Immer mehr Menschen lassen sich nicht mehr von den Kirchen auf ihrem letzten Weg begleiten. Mehrere Hundert Trauerredner bundesweit machen Pfarrern zunehmend Konkurrenz. Selbst viele Kirchenmitglieder wählen andere, weltlichere Bestattungsformen – etwa anonyme Begräbnisse oder eine Urnenbeisetzung in freier Natur an einer Baumwurzel in den neuen Friedwald-Anlagen. Die Kirchen haben ihr Monopol bei Sterberitualen verloren. Bundesweit wurden nach der Statistik Anfang dieses Jahrtausends rund 39 Prozent der Verstor-

benen evangelisch bestattet, etwa 32 Prozent katholisch. Es sei für
die Kirche „äußerst beunruhigend", dass die Zahl von Protestanten
steigt, die nach Taufe und Konfirmation auf den letzten Dienst ihrer
Kirche verzichten, heißt es in dem Papier der Evangelischen Kirche in
Deutschland (EKD) „Herausforderungen evangelischer Bestattungskultur". Schätzungen zufolge sind das in den alten Bundesländern
rund zehn Prozent, in Ostdeutschland wohl noch mehr, so die Evangelische Zentralstelle für Weltanschauungsfragen. Grund hierfür ist
auch die wachsende Professionalität der Beerdigungsinstitute, was
Psychologie und Seelsorge bei der Trauerbegleitung angeht. Auch
freie Theologen bieten zunehmend religiös und spirituell ausgerich-
tete Feiern an. Insgesamt beobachten Experten einen zunehmenden
Wettbewerb auf dem Bestattungsmarkt mit etwa acht Milliarden Eu-
ro Umsatz im Jahr. Mit neuen, liberaleren Richtlinien zur Beerdigung
und anderen liturgischen Innovationen wollen die Kirchenleitungen
jetzt wieder Boden zurückgewinnen. So soll bei der Beerdigung von
zuvor aus der Kirche ausgetretenen Personen noch öfter eine Ausnahme gemacht werden als bisher – vor allem aus seelsorgerlichen
Gründen mit Blick auf die Angehörigen.

Der Wandel in der Trauerkultur ist indes unübersehbar. Bunt
bemalte Särge und „Eventbestattungen" mit Rockmusik setzen auch
die bisherigen Toleranzgrenzen in den Kirchen neu. Die Zeitung
„Die Welt" berichtete im Sommer 2007 über eine britische Umfrage, nach der neben „Angel" von Robbie Williams der Titelsong
des Tanzfilms „Dirty Dancing" aus den 1980er Jahren – „The Time
of My Life" – zurzeit zu den meistgespielten Popsongs auf Beerdigungen gehört. Neben der Nutzung der aktuellen Musik suchen
Menschen für Beerdigungen zudem verstärkt Trost in den Lehren
der Naturreligionen wie Indianerkulten oder dem Schamanismus
sowie in Texten der nichtchristlichen Weltreligionen wie dem Buddhismus oder Hinduismus. Auch lassen sich immer mehr Muslime in Deutschland beerdigen. Dies fordert von Friedhofsbehörden
mehr Offenheit für die Riten anderer Religionen. So ist es etwa im

Islam üblich, den Leichnam in Tücher ohne Sarg einzuwickeln und zu begraben. Das Bundesland Nordrhein-Westfalen reagierte 2003 darauf mit einem umstrittenen Bestattungsgesetz, das bundesweit neue Maßstäbe setzte. Es hebt die Sargpflicht bei Erdbestattungen und die Friedhofspflicht für Urnen auf – erlaubt allerdings nicht das Aufbewahren von Omas Urne im Wohnzimmerschrank, wie es etwa in den USA möglich ist. Erlaubt ist künftig auch das Verstreuen von Totenasche auf speziellen Flächen – aber nicht auf dem Fußballplatz des Lieblingsvereins. Schon lange möglich ist die Seebestattung. Hier wird die Totenasche außerhalb der sogenannten Dreimeilen-zone dem Meer übergeben. Neu ist die Umwandlung von Teilen menschlicher Asche in einen synthetisch hergestellten Diamanten, der zum Beispiel als Schmuckstück getragen werden kann. Diese Methode widerspricht zurzeit den deutschen Bestattungsgesetzen und wird nur im Ausland angeboten. Unter dem Motto „zurück zu den Wurzeln" finden auch die bereits genannten Friedwälder im-mer mehr Interessenten. In einem Mischwald kann dort die Asche in einer biologisch abbaubaren Urne an den Wurzeln eines Baumes anonym oder mit einer Namensplakette beigesetzt werden. Ange-legte Grabparzellen gibt es nicht. Die Grabpflege obliegt der Natur. Rund 20 Friedwälder gibt es bereits in Deutschland. Die evangeli-sche Kirche äußerte sich bislang zurückhaltend über das Friedwald-System, die katholische Kirche lehnt es klar ab.

Tatsächlich wollen immer weniger Deutsche eine traditionelle Bestattung mit Sarg und Pfarrer. Nach einer Emnid-Umfrage von 2005 will nur noch jeder Dritte im Sarg auf dem Friedhof beerdigt werden. Ein weiteres Drittel zieht eine Urnenbestattung vor, ebenso viele haben andere Wünsche. Nur acht Prozent ist egal, was mit ih-rer Leiche geschieht. „Immer mehr Angehörige legen Wert auf eine persönlich gestaltete Beerdigung mit Bildern des Verstorbenen oder seiner Lieblingsmusik", bestätigt der Bundesverband deutscher Be-statter – dies allerdings wird von vielen Pfarrerinnen und Pfarrern schon lange angeboten.

Besorgt registrieren Kirchenvertreter bei den Umbrüchen in der Beerdigungskultur vor allem einen Verlust der Hoffnung auf Auferstehung. Dies ist das zentrale Kriterium der Unterscheidung einer christlichen von einer nichtchristlichen Bestattung. Die katholische Deutsche Bischofskonferenz erklärt dazu: „Für Christen ist der Friedhof eine Stätte der Trauer und Hoffnung im Sinne der österlichen Verkündigung, dass die Verstorbenen wie Jesus zum Leben auferstehen und für immer bei Gott sein werden." Der Kult um immer außergewöhnlichere Bestattungen könne zudem viele Menschen schlichtweg überfordern. Oft genug fehlt gerade in der Situation der Trauer die Kraft, an der Gestaltung einer solchen individuellen Feier mitzuwirken. Die tradierte Ordnung dagegen verleiht Sicherheit und schenkt Vertrauen durch Vertrautes. Immerhin haben sich traditionelle Trauer- und Beerdigungsrituale über Jahrhunderte gehalten und bewährt. Allerdings ist nicht nur die Bestattungskultur, sondern der ganze Markt lebensbegleitender Rituale in Bewegung geraten. Beispiele sind Trennungsrituale oder kirchenferne Trauungen. An diesem Zukunftsmarkt werden sich voraussichtlich auch viele Theologen beteiligen, die von den Kirchen wegen fehlender Finanzkraft nicht als Pfarrer angestellt wurden.

Urnenbestattung: reinigendes Feuer

Der Wandel in der Bestattungskultur äußert sich auch in einer Zunahme der Urnenbestattungen. Die Feuerbestattung findet sich in fast allen Kulturen. In Westeuropa hielt sie allerdings erst relativ spät Einzug: Statt „ekler Würmer Fraß zu werden" sei die Einäscherung geradezu eine Gnade, warb noch 1922 ein Friedhofsdirektor aus Stettin. Damit ziehe der Mensch nach seinem Tod durch „leuchtender Flammen Glut" in die Ewigkeit ein. Seit der frühen Jungsteinzeit vor etwa 8000 Jahren ist die

Leichenverbrennung belegt. Der in Italien ertrunkene englische Dichter Percy Shelley wurde 1822 von seinen Freunden nach römischem Ritus auf einem Scheiterhaufen verbrannt. Doch ein solches romantisches Ritual mit Wein, Salz und Weihrauch wäre in Deutschland heute streng verboten. Seit 1900 wird im Bürgerlichen Gesetzbuch auch das Friedhofs- und Bestattungsrecht geregelt. Die Feuerbestattung unterliegt dabei dem Landesrecht, Friedhöfe und Krematorien stehen danach unter amtsärztlicher Aufsicht. Friedrich Siemens baute 1873 den ersten „Regenerativofen" und ermöglichte damit die Feuerbestattung in technisch einwandfreier Form. Die Leichenverbrennung müsse „rasch wirken, dürfe keine üblen Dünste verbreiten und solle wenig kosten", hieß es zuvor in einer europaweiten Ausschreibung für das „ökonomisch und ästhetisch beste Verfahren". Das erste Krematorium auf deutschem Boden wurde 1878 in Gotha errichtet. Heute wird in den rund 120 Krematorien in Deutschland das, was in lockeren Kies- und Sandböden rund sieben Jahre – oft aber viel länger – benötigt, in etwas mehr als einer Stunde vollbracht. Eine Einäscherung ist etwas preisgünstiger als eine Erdbestattung. Ein traditioneller Sarg muss, ohne zu zerbersten, bis zu eineinhalb Tonnen Erde aushalten. Für das Krematorium reicht dagegen ein preisgünstigerer schlichter Kiefernsarg, werben Bestatter. Auch die Kosten für ein kleines Urnengrab samt Grabstein sind geringer. Christen begruben ihre Toten lange Zeit ausschließlich, meinte der Sprach- und Brauchtumsforscher Jakob Grimm 1849, weil im Alten Testament „nur begraben worden und weil Christus aus dem Grab erstanden war". Aber auch Völker, die ihre Toten verbrannten, glaubten an ein Weiterleben nach dem Tod. Dies belegen wohnhausförmige Behälter für den Leichenbrand sowie Urnenbeigaben in Form von Schmuck und Nahrungsmitteln. Ob Feuer- oder Erdbestattung: diese letzte Entscheidung kann der Verstorbene noch zu Lebzeiten treffen. Gegen seinen Willen darf niemand eingeäschert werden.

Markstein im Jahreslauf: der Sonntag

Das Kirchenjahr ist nicht nur geprägt von den großen Festen wie Weihnachten, Ostern und Pfingsten. Jede einzelne Woche hat einen Feiertag: den Sonntag. Der Sonntag, althochdeutsch sunnun tag, behauptet sich in der christlichen Tradition seit der Spätantike. Das lateinische „dies solis" (Tag der Sonne) blieb neben dem germanischen Sonntag auch im englischen sunday erhalten. Das lateinische dies dominica findet sich noch im französischen dimanche und italienischen domenica. Der Name des Sonntags ist somit sakralen Ursprungs. Er geht Religionswissenschaftlern zufolge letztlich auf einen Festtag der Babylonier und eine damit verbundene Sonnengottheit zurück. Die Kultur der Babylonier nahm etwa im vierten Jahrtausend vor Christus Gestalt an. In der Antike schließlich wurden die Wochentage nach den Gottheiten der Planeten benannt, zu denen auch die Sonne zählte. Die Christen verbinden mit dem Tag seit den ersten Jahrhunderten die Erinnerung an die Auferstehung Christi und feierten ihn als „Tag des Herrn". Sonntagskinder gelten oft als Glückskinder. „Der Sonntag ist der Festtag der Woche", betonte schon Mitte des zweiten Jahrhunderts der in Karthago geborene christliche Schriftsteller Tertullian. Er richtete sich damit gegen die verwirrende Vielfalt von jährlichen Gedenktagen unterschiedlicher Kulturen sowie ethnischer und religiöser Gruppen. Nicht zuletzt die aus dem Judentum stammenden und den christlichen Kalender prägenden Tages- und Wochenrhythmen, so der Mainzer Theologe Rainer Volp (1931 – 1998), verhalfen dem Christentum zu seiner späteren Universalität. Volp: „Die Transformation des Zeitbewusstseins in der antiken Welt durch das Christentum war einschneidend."

Am wöchentlichen „kleinen Osterfest", dem Sonntag, gingen die Urchristen in den ersten Jahrhunderten zwar zum Gottesdienst, eine Arbeitsruhe war damit jedoch nicht verbunden. Erst Konstantin der Große führte im Jahr 321 im Rahmen einer Kalenderreform den Sonntag als christlichen Feiertag ein. Einer mittelalterlichen

Legende zufolge werden sonntags sogar die Höllenstrafen ausgesetzt. Nach dem Volksglauben bringt Sonntagsarbeit keinen Segen: „Was sonntags wird gesponnen, das hält nicht an der Sonnen", heißt es in einem alten Sprichwort. Der Mensch, so Johann Wolfgang von Goethe, ist ein beschränktes Wesen: „Unsere Beschränkung zu überdenken, ist der Sonntag gewidmet." – An diesem Tag komme alles, was den „Menschen drückt, in religiöser, sittlicher, geselliger, ökonomischer Beziehung zur Sprache", führte der Dichter in Wilhelm Meisters Wanderjahren aus. Sollte es nicht besser sein, fragte dagegen Goethes Zeitgenosse Arthur Schopenhauer, wenn es gar keine Feiertage gäbe? Statt eines „langweiligen" Sonntags forderte der Philosoph für jeden Tag zwei Mußestunden zur Religionsausübung. Denn „die Alten hatten auch keinen wöchentlichen Ruhetag". Doch Schopenhauer setzte sich mit seiner Idee nicht durch.

Zur Organisation des gesellschaftlichen und sozialen Zusammenlebens gliedern Menschen seit Jahrtausenden die Zeit in feste Rhythmen. Ein Kuriosum bildet dabei der „Sowjetische Revolutionskalender", der von 1929 bis 1940 in Gebrauch war. Unter anderem wurde die Sieben-Tage-Woche als antireligiöse Maßnahme durch eine Fünf-Tage-Woche ersetzt. Der christliche Sonntag als Ruhetag wurde abgeschafft, die Arbeiter wurden in fünf Gruppen eingeteilt, die je einen der fünf Tage als Ruhetag erhielten. Dadurch sollte die Effizienz der Industrieproduktion erhöht werden. Weil unter dem neuen Wochenschema das familiäre und soziale Leben litt, weil eine Steigerung der Produktion ausblieb, und vor allem weil der Sonntag als traditioneller Ruhetag der Bevölkerung nicht abzugewöhnen war, kehrte man wieder zur gewohnten Sieben-Tage-Woche zurück.

Die Feiertage wurden auch immer von der Wirtschaft beeinflusst. Menschen mussten schon immer auch an Sonntagen arbeiten. Nicht nur die Landwirtschaft hängt von unbeeinflussbaren Naturgegebenheiten ab. Auch die heutige Wohlstandsgesellschaft ist an ein dichtes Netz sonntäglicher Dienstleistungen gebunden. Diese Entwicklung begann mit der Auflösung der häuslichen Arbeitsgemeinschaft durch die Manufakturen und arbeitsteiligen Betriebe im 19. Jahrhundert. Weder Maschinenlaufzeiten in der industriellen Produktion noch rund um die Uhr laufende Computeranlagen nehmen Rücksicht auf das menschliche Ruhebedürfnis. Nach Schätzungen arbeiten von mehr als 30 Millionen Beschäftigten in Deutschland rund drei Millionen an den Sonn- und Feiertagen.

Das Thema Arbeit und Mensch war schon immer ein Thema für Philosophie und Theologie. Karl Marx (1818–1883) charakterisierte Erwerbsarbeit im Gegensatz zur feiertäglichen Muße als Verzicht auf die Selbstverwirklichung des Menschen, sofern diese Arbeit ungerechten sozialen Strukturen unterworfen ist. Martin Luther hatte zuvor im 16. Jahrhundert den Begriff „Beruf" geprägt. „Ehrliche" Arbeit sei nicht weniger Gottesdienst als Gebet und Kontemplation: „…woher es dann kommt, dass eine fromme Magd, wenn sie auf Befehl hingeht, den Hof kehrt oder Mist austrägt, oder ein Knecht, der in gleicher Meinung pflügt und fährt, stracks zum Himmel geht, auf der rechten Straße, während ein anderer, der (…) zur Kirche geht, aber sein Amt und Werk liegen lässt, stracks zur Hölle geht", so der Reformator. Für die aus dem Erwerbsleben ausgeklammerte Zeit dagegen ist schon vor Jahrzehnten der Begriff „Freizeit" populär geworden. Entgegen den an Werktagen auferlegten Pflichten soll besonders in der freien Sonntagszeit nur das seinen Platz haben, was freiwillig getan wird: Sport anstelle von Büroarbeit – künstlerische oder wissenschaftliche Hobbys sowie Lektüre und Spiele gegen Anspannung und Belastung – Kontemplation oder Gottesdienst gegen Nervosität und Stress. In Deutschland schützt das Grundgesetz eine solche entspannte Atmosphäre als Zeit der „Arbeitsruhe und der seelischen Erhebung". Die Reform des Arbeitszeitrechtes in den 1990er Jahren erlaubt die Arbeit an Sonntagen jedoch mit speziellen Ausnahmegenehmigungen. Gegen eine Ausweitung von Sonntagsarbeit werden neben sozialen und kulturellen Gründen an erster Stelle religiöse Argumente vorgebracht. Gegen eine Ladenöffnung an Sonntagen zum Beispiel spricht für viele Christen das Gebot der Ruhe am „siebten

Tag" in der alttestamentlichen Schöpfungsgeschichte. Der Sonntag sei eines der höchsten Kulturgüter, der das Leben in einen Rhythmus von Arbeit und Ruhe gliedert, so etwa der Schweizerische Evangelische Kirchenbund in einem Appell gegen sonntägliche Ladenöffnungen. Der Tag bringe zum Ausdruck, dass der Mensch nicht für die Arbeit da sei, sondern die Arbeit den Menschen diene. Eine Initiative für den Sonntag haben in den 1990er Jahren auch die evangelischen Kirchen in Deutschland gestartet. Sie rufen dazu auf, sich gegen eine „allmähliche und stetige Erosion des Sonntags" zur Wehr zu setzen. Der Wandel der Lebensgewohnheiten, veränderte gesetzliche Bestimmungen und flexible Arbeitszeitregelungen schränkten den gesetzlich verankerten Sonntagsschutz zunehmend ein. Arbeitsruhe bedeute dagegen vielmehr ein „befreites Aufatmen und Aufnehmen der Freude an Gottes Schöpfung". Für viele Theologen ist der geschützte Sonntag und das in den vergangenen Jahrzehnten durchgesetzte, in der Regel arbeitsfreie Wochenende ein willkommenes Hindernis auf dem Weg in eine „Rund-um-die-Uhr-Gesellschaft". Zu den zentralen Aufgaben der Kirchen gehört der Erhalt der Sonntagskultur, die durch die gesellschaftlichen Neuerungen und einen inzwischen veränderten Wochenrhythmus gefährdet sei.

Dabei ist der Sonntag wie das auf ihm aufbauende Kirchenjahr keine göttliche, sondern eine von Menschen erdachte Ordnung. Längst gilt der Sonntag auch nicht mehr als der erste Tag der Woche. Nach einem Beschluss der Vereinten Nationen beginnt die Woche seit 1978 mit dem Montag. Von rund 25 Millionen deutschen evangelischen Kirchenmitgliedern besuchen nach Schätzungen nur noch rund fünf Prozent mehr oder weniger regelmäßig die Gottesdienste: ernüchternde Zahlen, auch wenn so übers Jahr gerechnet doch mehr als 70 Millionen Gottesdienstbesuche zusammenkommen. Bei den Katholiken waren es 2005 rund 14 Prozent, obwohl sie von ihrer Kirche zum wöchentlichen Besuch der heiligen Messe angehalten werden. In ökumenischer Verbundenheit wird am Sonntag offenbar lieber lange geschlafen oder die freie Zeit für Waldspaziergänge genutzt.

WEGE AUS DER ZEIT-KRANKHEIT

*Gelassenheit und Trost aus dem
Gedanken der Vergänglichkeit*

Älterwerden ist kein Unfall

Wie möchten Sie sterben? „Am allerschnellsten", antwortete der Historiker Saul Friedländer einmal in dem bekannten früheren Fragebogen der „Frankfurter Allgemeinen Zeitung". Andere Prominente möchten ihr Dasein gerne eines Tages im Schlaf beenden. Heute sehnen sich die meisten nach einem leichten und plötzlichen Tod. In der Vergangenheit hatten Menschen jedoch gerade davor große Angst. „Vor einem unvorhergesehenen Tod bewahre uns, o Gott", heißt es in einem alten Gebet. Vorbereitung auf den Tod hieß vor allem Reue. Der Todkranke wollte sein Leben in Ordnung bringen und bat um die Vergebung seiner Schuld. Die Vorbereitung auf das Sterben war vom Mittelalter und teilweise in einigen Gegenden noch bis zum Anfang des 20. Jahrhunderts ein wesentlicher Teil der Lebenskunst. Die Kunst, „richtig" zu sterben, gehörte zur allgemeinen Bildung. An spätmittelalterliche Traditionen anknüpfend verfasste noch Martin Luther Texte wie den „Sermon von der Betrachtung des heiligen Leidens Christi" (1519) oder den „Sermon von der Bereitung zum Sterben" (1519). Wie man sich die Vorbereitung auf den Tod in früheren Zeiten vorzustellen hat, erklärt der Religionswissenschaftler Michael von Brück: „Der Mensch starb – bis ins 19. Jahrhundert hinein – unter Anteilnahme nicht nur der nächsten Verwandten, sondern auch der Freunde und Nachbarn, meist auf dem Rücken liegend, um zum Himmel schauen zu können, und natürlich in Richtung Osten gewandt, der Richtung des Sonnenaufgangs und der Stadt Jerusalem, woher die Auferstehung kommen sollte. Der Sterbende erteilte letzte Anweisungen, bat um Verzeihung, nahm Abschied und empfahl seine Seele Gott. Das Ideal war es, in diesem Sinne bewusst die letzten Schritte gehen zu können. Ruhe und Schlaf (…), nicht die Angst vor dem Gericht, waren bis ins Hochmittelalter hinein das, was man auf dem Angesicht eines fromm Sterbenden zu erblicken meinte."

Der Tod wurde als wichtiger Teil des Lebens verstanden – eine Philosophie, die heute eher über den Buddhismus als über das Christentum wieder westliche Länder erreicht. Während es im Mittelalter also Ratgeber für das Verhalten vor und in den letzten Minuten gab, verschieben viele Zeitgenossen die Beschäftigung mit dem Tod auf einen unbekannten, vermeintlich geeigneteren Zeitpunkt. Im Gegensatz zum gemeinschaftlichen Abschied von Toten, etwa in einem Dorf, hat der überwiegende Teil der oft beklagten „kalten Gesellschaft" die Anteilnahme am Nächsten verlernt oder ins Absurde verkehrt. Während etwa 1997 die weltweite „Trauer" um die tödlich verunglückte Prinzessin von Wales kaum noch zu übertreffen war, verschwinden Berge von anonymen Leichen in den Krisengebieten Afrikas fast unbemerkt von der Weltöffentlichkeit. Wenn der Tod nicht live übertragen wird, ist die Vergänglichkeit für die meisten unsichtbar. Die Verbannung des Lebensendes an einen weit entfernten Punkt der eigenen Biografie ist auch das eigentliche Motiv hinter dem historisch beispiellosen Kult der Jugendlichkeit. Ein Indiz dafür ist vielleicht die Wegwerfgesellschaft, die fast alle Dinge entfernt, bevor sie altern können. Die Faszination des Neuen lässt das Alte in immer schnelleren Rhythmen verschwinden. Dagegen war das angeblich finstere Mittelalter eine radikal zukunftsorientierte Gesellschaft. So dauerte der Bau einer großen Kathedrale von der Planung bis zur Vollendung länger, als die gesamten Erdölvorkommen der Erde nach heutigen Schätzungen noch reichen sollen. Ein solches Projekt wäre heute schwer vorstellbar: Der moderne Mensch will alles innerhalb seiner Lebenszeit. Was danach kommt, ist ihm offenbar nahezu gleichgültig. Wer die Vergänglichkeit in seinem Leben ausschließt und alles für wiederholbar hält, hat jedoch die Einmaligkeit des Augenblicks verspielt. „Der Tod lässt die Bedeutung unserer Lebenszeit klar werden", so der Online-Dienst „www.zeitzuleben.de" im Internet. Wer sich bewusst macht, dass sein Leben irgendwann zu Ende ist, kann daraus die Motivation zur sinnvollen und intensiven Gestaltung seiner Lebenszeit schöpfen. Viele verleugnen jedoch die eigene Endlichkeit und vergessen im Alltag, dass der Kampf gegen die Vergänglichkeit sinnlos ist, weiß der US-amerikanische Psychoanalytiker James Hillman. Doch „Älterwerden ist kein Unfall", beruhigt der 1926 geborene Autor vieler Psychologiesachbücher verzagte Zeitgenossen. Jede Lebensstufe habe ihre eigene Bedeutung. Dieses Wissen und Empfinden sei jedoch weitgehend verloren gegangen, weil es heute oft keine klar abgegrenzten Riten für den Übergang von einer Stufe zur nächsten mehr gibt. Die Verstümmelung von bewährten Abschiedsriten beklagt auch der Direktor des Kasseler Museums für Sepulkralkultur, Reiner Sörries. Es sei die Tendenz zu beobachten, dass Menschen zunehmend therapeutische Hilfe etwa bei der Bewältigung ihrer Trauer nach dem Tod von Angehörigen oder Freunden benötigten. Wem es gelingt, Abschied und Tod zu bewältigen, bekomme auch sein Leben besser in den Griff, so der Fachmann für Beerdigungswesen und Trauerkultur.

In diesem Zusammenhang registriert er ein wachsendes Bedürfnis nach einem neuen Umgang mit dem Tod. Tatsächlich wird der Tod in der Gesellschaft offenbar nicht mehr in der Weise verdrängt wie noch vor ein paar Jahrzehnten. Auch die immer mehr Anerkennung erhaltende Hospizbewegung in Deutschland ist ein Indiz für einen bewussteren Umgang mit dem Tod. In der Hospizarbeit werden unheilbar kranke Menschen bis zu ihrem Tode betreut. Ziel ist ein möglichst schmerzfreies und menschenwürdiges Leben bis zuletzt. Bundesweit gibt es derzeit nach Angaben der Deutschen Hospiz Stiftung mehr als 130 stationäre Hospize. 2006 haben in Deutschland rund 20.750 Menschen von insgesamt rund 830.000 Sterbenden in ihrer letzten Lebensphase eine solche umfassende und professionelle Sterbebegleitung erfahren. Träger der Hospize sind neben kirchlichen Einrichtungen auch freie Gruppierungen. Theologen und Psychologen sind jedoch skeptisch, wenn etwa Lifestyle-Magazine dem Tod positive Aspekte für die Lebenshilfe abzugewinnen versuchen. Im Grund genommen sei dies eine Verharmlosung und meist zu undifferenziert dargestellt. Wer mit Trauernden und Sterbenden zu tun gehabt hat, weiß: Der Tod lässt sich nicht instrumentalisieren. Zum Tod gehöre auch ein Stück Einsamkeit, das lässt sich nicht einfach wegdeuten. Im 90. Psalm heißt es: „Lehre uns bedenken, dass wir sterben müssen, auf dass wir klug werden." Die Erfahrung der Endlichkeit des Lebens bringt den Menschen zu sich selbst zurück und lässt ihn Vergänglichkeit als Gewinn und nicht als Verlust erfahren. In der Literatur sind Tod und Sterblichkeit zentrale Themen. Die Dichterin Marie von Ebner-Eschenbach (1830 – 1916) brachte die theologische Ernsthaftigkeit und die gleichzeitig verheißungsvolle Kraft, die dem bewussten Umgang mit Tod und Vergänglichkeit innewohnt, auf den Punkt: „Der Gedanke an die Vergänglichkeit aller irdischen Dinge ist ein Quell unendlichen Leids und ein Quell unendlichen Trostes."

Zeit-Krankheit

Immer weniger Menschen ziehen offenbar aus dem Gedanken der Vergänglichkeit Gelassenheit und Trost. In Zeiten von wachsendem Termindruck und elektronischer Informationsflut klagen sie vielmehr über krankmachenden Zeitmangel. Diese „Zeit-Krankheit" untersuchte das Forschungsprojekt „Zeiterfahrung und ästhetische Wahrnehmung" an der Goethe-Universität in Frankfurt am Main. Wissenschaftler suchten darin nach dem Ursprung des Zeitbewusstseins. Ein kompetenter Umgang mit der Zeit sei gerade in der von der Atomuhr geprägten Wissensgesellschaft nötiger denn je, so die Initiatoren. „Der Wunsch, sich gegen die Unerbittlichkeit der Zeit zu wehren, ist tief im Menschen verwurzelt", weiß der Physikprofessor Thomas Görnitz. Bis heute ist die Literatur erfüllt von Fantasien über Zeitreisen oder parallele Universen, mit der man der „Zwangsjacke" Zeit entkommen könnte. „Mit Logik können wir die Zeit nicht fassen", bilanziert der Wissenschaftler die Denkmodelle der speziellen und allgemeinen Relativitätstheorie. Die Zeitlosigkeit der Anfang des 20. Jahrhunderts entstandenen Quantentheorie erinnere an die „Ewigkeit eines glücklichen Augenblicks oder einer Meditation". Die Quantentheorie hat den über Jahrhunderte geltenden Zusammenhang von Ursache und Wirkung sowie das Wissen über Zeit und Raum in der Physik erschüttert. Danach folgt die Welt der Atome und Elementarteilchen völlig anderen Gesetzen als die Welt, in der die Menschen leben. Vor allem hat Zeit darin eine ganz andere – weniger wichtige – Bedeutung.

Altersuhr

„Wieso altern wir und warum ist das Leben endlich?", formuliert Roland Prinzinger die Frage, die die Menschen von alters her bewegt. Ewige Jugend und Unsterblichkeit seien biologisch gesehen nicht erstrebenswert, referiert der Professor für Physiologie am Frankfurter Zoologischen Institut neueste Studien. Ist beim Auto dauerndes Ausbessern wesentlich komplizierter und weniger effektiv als die Neuproduktion, so gilt dies auch für Organismen. Zudem tickt in jedem Organismus eine „Altersuhr". Prinzinger zufolge dauert das durchschnittliche Leben eines Säugers rund eine Milliarde Herzschläge, „bei einer winzigen Maus genauso wie bei einem Elefanten." Der Mensch ist allerdings Naturwissenschaftlern zufolge darin die Ausnahme, er soll es Studien zufolge maximal auf fast vier Milliarden Herzschläge bringen. Die Endlichkeit des Lebens werde somit durch eine Art Vorrat von Energie bestimmt, der langsamer oder schneller verbraucht werden kann. Um diese wertvolle Lebenszeit nicht zu vergeuden, erfanden die Menschen zu Beginn der Neuzeit eine strenge Zeitökonomie. „Zeitverschwendung wurde zur moralischen Schuld gegenüber der Gesellschaft und Gott", erinnert die Erziehungswissenschaftlerin Christiane Hofmann. Auch für das schulische Lernen wurden seit Mitte des 15. Jahrhunderts neue Zeitordnungen bestimmt. Diese behindern Hofmann zufolge das Lernen allerdings eher: „Zeitordnungen in der Schule, die verlangen, dass alle Kinder zur gleichen Zeit dasselbe tun, können nicht der Leistungsfähigkeit aller Kinder gerecht werden", so die Gießener Pädagogikprofessorin.

Das grundlegendste Menschheitsproblem sei letztlich das Missverhältnis zwischen unserer individuellen Lebenszeit und der unendlich scheinenden Weltzeit. Kultur – Musik, Malerei, Gestaltung – kann einen Ausgleich schaffen, indem sie das Leben gewissermaßen entschleunigt. Wohl dem, der wie Johann Wolfgang von Goethe nie über Zeitmangel zu klagen hat. In „Dichtung und Wahrheit" schrieb er: „Die Zeit ist unendlich lang und ein jeder Tag ein Gefäß, in das sich sehr viel eingießen lässt, wenn man es wirklich ausfüllen will."

Energie durch Humor und Klarsicht.
Sinnvoll Leben im Hier und Jetzt

Bedienungsanleitung
für das Leben

Trotz Zeitmanagement und ausgefeilter Lebenshilfe: der Umgang mit der Lebenszeit wird zunehmend zum Problem. Im Mittelalter war der heutige Zeitbegriff Historikern zufolge noch weitgehend unbekannt – in der Moderne dagegen reicht Pünktlichkeit allein als Tugend nicht mehr aus. „Multitemporalität" heißt die von dem US-amerikanischen Psychologen Robert Levine vorgestellte Zeittugend des neuen Jahrtausends: Die Menschen müssen danach eine Vielfalt von Zeitsystemen unter einen Hut bringen. Wer diese Lebenskunst beherrscht, ist im Beruf produktiv, hat wenig Stress und zugleich Zeit genug für Familie und Freunde. Doch viele Menschen haben heute das Gefühl, dass ihre Lebenskerze an zwei Enden gleichzeitig abbrennt: „Uns fehlt die Bedienungsanleitung für dieses Leben, das so ganz anders ist als das Leben unserer Eltern und Großeltern", diagnostiziert die stellvertretende Chefredakteurin von „Psychologie Heute", Ursula Nuber. Doch innere Stabilität und seelische Widerstandskraft sind oft eine Frage der Lebenseinstellung. So ist nicht nur Selbstdistanz eine wunderbare Methode, um dem Alltagsblues zu trotzen. Auch die Erkenntnis, dass das meiste im Leben nicht wichtig genug ist, um sich darüber aufzuregen, „macht innerlich frei". Die Psychologin Nuber plädiert vor allem für eine neue Selbstdisziplin im Denken. Wer sich über die Zukunft keine rabenschwarzen Gedanken mache, in Stresssituationen gelassen reagiere und auch in schwieriger Lage einen Sinn im Leben sehe, „erfreut sich besserer Gesundheit als Menschen, denen negative Emotionen jede Lebensfreude nehmen". Studien zufolge ist der meiste Stress durch unbegründete Sorgen hausgemacht. Meditationstechniken lehren seit Jahrtausenden Wege zur Kontrolle der umherschweifenden Gedanken. Wer diese zur Ruhe bringt und nur einen Augenblick lang still wird, aktiviert damit seine intuitive Weisheit und sieht die Welt in größeren Zusammenhängen. Nicht die Ereignisse an sich belasten. Das wissen auch alte spirituelle Weisheiten. Entscheidend ist, was wir aus den Ereignissen mit den Gedanken machen. Mit Selbstvorwürfen und Katastrophenszenarien machen sich viele das Leben unnötig schwer. Besser ist es, den Alltag mit Humor und Klarsicht auf Abstand zu halten und gegenüber Menschen und Dingen gleichgültiger zu werden, die mit dem eigenen Leben nicht wirklich eng verbunden sind, die eigene Energie und Lebensfreude aber durch Nörgeleien oder Angriffe untergraben.

Unzufriedenheit entsteht vor allem, wenn man ständig nach unerreichbaren Dingen strebt. Selbstverständlich soll man sich im Leben Ziele setzen, doch muss man auch das bislang Erreichte anerkennen und sich darüber freuen. Dieses Zufriedengeben darf nicht mit Resignation verwechselt werden, sondern ist auch ein Zeichen von Lebenskunst. Wer sein Leben umkrempeln will, soll allerdings nichts überstürzen. Egal, ob es um eine berufliche Neuorientierung geht, eine Klärung der Beziehung ansteht oder ob man abnehmen oder sich das Rauchen abgewöhnen will: Oft sind mehrere Anläufe nötig, bis man sein Ziel erreicht. Nuber: „Alle Dinge sind schwer, bevor sie leicht werden."

Doch immer mehr Menschen kommen mit ihrer Zeit nicht mehr zurecht. Die Organisation des Alltags schluckt so viel Energie, dass für das eigentliche Leben – das man eigentlich führen will – kein Raum mehr bleibt. Es scheint, als hätten viele ihr Leben früh auf ein Gleis gesetzt, auf dem es auf festen Schienen sicher, aber freudlos dahinläuft. Woran erkennt man aber ein ungelebtes Leben? Man ist erfolgreich im Beruf – aber echte Freude hat man nicht daran. Man steht immer öfter neben sich und fragt: „Was tue ich hier eigentlich?" Die Seele wehrt sich mit schlechter Laune. Auch chronische Beschwerden wie Migräne, Rückenschmerzen oder Herz-Kreislauf-Beschwerden können signalisieren, dass man auf der Stelle tritt und sich nicht mehr weiterentwickelt. So verstreichen Tage, Wochen, Monate und Jahre. So vergeht das Leben, das einzige, das man hat. Wer über lange Zeit hinweg ein Leben lebt, das ihm nicht entspricht, bezahlt dafür einen hohen Preis. Er lebt, aber er fühlt sich nicht lebendig.

Auf der Suche nach dem Sinn des Lebens soll man seine Erwartungen jedoch herunterschrauben. „Wir sind zu anspruchsvoll, wenn es um den Sinn geht", so der Philosoph Odo Marquard. Der Sinn des Lebens liegt danach im Handeln und Tun, es geht auch ohne große Erwartungen. Wer nach dem großen Sinn sucht, wird zwangsläufig scheitern. Wer das Leben im Hier und Jetzt sinnvoll verbringen will, soll nicht an der Vergangenheit haften – verbitterte und anklagende Erinnerungen etwa an unfähige Lehrer binden Energien, kosten Kraft und vergeuden wertvolle Lebenszeit. Vielmehr soll man das Gute in der Gegenwart bewusst annehmen und das Negative der Vergangenheit loslassen. Verzeihen – auch sich selbst – ist von zentraler Wichtigkeit für eine ausgeglichene Seele. Freilich soll man Kränkungen und psychische Verletzungen nicht akzeptieren, vielmehr auf Rache und Vergeltung verzichten. Hass, Wut und Ärger können krank machen, wenn man sie nicht überwindet.

Tipps für mehr Lebensenergie

Lebenskunst hat auch mit Loslassen zu tun. Das beginnt mit dem Loslassen von Dingen, vor allem mit Krempel. Und Krempel ist „all das, von dem Sie sich trennen möchten", antwortet Harriet Schechter. Vielen gelingt das aber nicht, erklärt die US-amerikanische Organisationsberaterin. Menschen sind biologisch dazu veranlagt, Dinge zu erwerben und an ihnen festzuhalten. Es tue aber gut, sich von etwas zu trennen, denn „Müll ist Zeug, das wir wegwerfen; Zeug ist Müll, den wir behalten." Der Besitz von zu viel Zeug raubt Lebensenergie und erzeugt Stress, betont Schechter.

Unordnung im Haus erzeugt auch Unordnung im Kopf, warnt sie eindringlich und zitiert den englischen Dichter und Kunstreformer William Morris (1834 – 1896): „Habe nichts im Haus, das du nicht für nützlich oder schön hältst." In ihrem Buch „Entrümpeln Sie Ihr Leben" zeigt die Unternehmerin aus San Diego Wege zu einem Leben mit weniger Papier, Kleidern, Videos, Fotos, alten Briefen und dem ganzen sentimentalen Kram, den man so über die Jahre auf Dachböden, in Kellern und Garagen anhäuft. Krempel bedeute jedoch nicht immer nur Chaos, sondern manchmal auch Behaglichkeit. Es kommt immer darauf an, wie man sich dabei fühlt.

Schechter empfiehlt die Schockfrage: „Was, wenn Ihre Wohnung gerade Feuer finge?" Erstellen Sie jetzt gleich eine Liste aller Gegenstände, die Ihnen einfallen und die Sie wirklich und wahrhaftig vermissen würden, wenn sie in Flammen aufgingen. Papierkrempel ist schwieriger zu entsorgen als anderer Krempel. Wer seine Stapel abbauen möchte, müsse zuerst akzeptieren, dass er in seinem Leben unmöglich alles lesen kann, was er meint, lesen zu sollen. Schließlich haben die meisten, so Schechter, schon kaum Zeit, das zu lesen, was sie lesen müssen oder was sie lesen wollen. Je mehr man sich von den Dingen überwältigt, geradezu beherrscht fühlt, räumt Schechter ein, desto schwerer fällt es einem, sich von Krempel zu trennen. Daher müssen etwa auch Bücherregale nach ihrer Ansicht genauso oft gejätet werden wie ein Garten. „Bücher sind Symbole für das, was wir gerne für unser Wissen halten. Das ist ein wesentlicher Grund, weshalb es vielen von uns so schwer fällt, sich von ihnen zu trennen." Amerikaner oder Europäer sind darauf sozialisiert, immer mehr von dem zu bekommen, von dem man bereits zu viel hat. Doch Glück und Zufriedenheit könne letztlich nicht durch Kaufen erreicht werden, gibt Schechter zu bedenken. Auf der Suche nach mehr Raum für das Wesentliche helfe die Frage: Was könnte im schlimmsten Fall passieren, wenn ich etwas wegschmeiße? Wem alle Tipps zur Entsorgung von Krempel nicht helfen, rät sie: „Wenn Sie merken, dass Sie über den Verlust eines leblosen

Gegenstandes trauern, sollten Sie eine Beratungsstelle aufsuchen."
Wer sich von materiellem Krempel trennen will, muss auch seinen „mentalen Krempel" in den Griff bekommen, weiß Schechter.
Mentaler Krempel ist Zeug, das man vergessen will wie Sorgen
oder Groll. Sie empfiehlt das Erstellen von Listen, um den Kopf zu
entlasten. Denn „ein krempelfreier Geist" ist der „Schlüssel zu einem
krempelfreien Leben".

Ausblick

Der Mut, einen Entschluss zu fassen, eröffnet Horizonte: Ein ge-
wisses Risiko macht das Leben reicher. Die meisten Menschen be-
reuen es im Rückblick eher, Dinge nicht getan zu haben, als Fehler
gemacht oder erfolglos gewesen zu sein, wissen Psychologen. Eine falsche Entscheidung mag einem Menschen für kurze Zeit den
Schlaf rauben, langfristig aber belasten verpasste Gelegenheiten
stärker. Wer die Feste, Feier- und Gedenktage des Kirchenjahres als
Wegbegleiter annimmt, hat die Chance, sein Leben um ein Stück
Stabilität, um Anregungen und womöglich um Hilfestellungen zu
bereichern. Der christliche Jahreszirkel bietet Orientierung und
Weisheit aus vielen Jahrhunderten, selbst für diejenigen, die dem
christlichen Glauben skeptisch gegenüberstehen. All die Wider-
sprüchlichkeiten, Belastungen und Probleme, die zum Leben gehören, erhalten Sinn und Wertigkeit, wenn sie in ein größeres Ganzes
eingebettet werden.

„Die Stunde ist kostbar. Warte nicht auf eine spätere, gelegenere
Zeit", wird die heilige Katharina von Siena (1347 – 1380) zitiert. Das
ist wohl die eigentliche Kunst des Lebens: Jeden Tag so zu leben,
als wäre es der letzte.

Stephan Cezanne

Geb. 1962, studierte evangelische Theologie, Philosophie und Journalistik in Frankfurt a. M., Heidelberg, Marburg und Mainz. Nach dem Abschluss der Ausbildung zum ev. Pfarrer mit einem Vikariat in Bad Nauheim und der Mitarbeit u. a. bei Zeitungen, Pressestellen und einer Filmproduktion arbeitet der aus einer alten Waldenserfamilie stammende Autor seit 1993 in der Zentralredaktion des Evangelischen Pressedienstes (epd) in Frankfurt am Main. Zahlreiche Veröffentlichungen zu den Themen Theologie, Kirche, Ökumene, Literatur, Psychologie und Lebenshilfe. Ausbildung am Odenwald-Institut zum zertifizierten Lehrer für Achtsamkeits-Meditation (MBSR). Langjährige Praxis der Vipassana-Meditation. Seit mehr als zehn Jahren Berichterstattung von nahezu allen großen internationalen ökumenischen Kongressen, Tagungen und Versammlungen.

Weiterführende Literatur

Albrecht, Christoph: Einführung in die Liturgik. Vandenhoeck & Ruprecht, Göttingen 1989

Angelus Silesius: Der cherubinische Wandersmann. Diogenes, Zürich 1979

Barth, Markus: Lebe den Tag. Europa-Verlag, München und Wien 1998

Behringer, Hans Gerhard: Die Heilkraft der Feste. Claudius, München 2002

Berger, Klaus: Wer war Jesus wirklich? Quell, Stuttgart 1995

Berger, Peter L.: Auf den Spuren der Engel. Fischer, Frankfurt am Main 1975

Bieritz, Karl-Heinrich: Das Kirchenjahr. C. H. Beck, München 1987

Bittlinger, Arnold: Das Geheimnis der christlichen Feste. Kösel, München 1995

Borchert, Bruno: Mystik. Herder, Freiburg im Breisgau 1997

Deschner, Karlheinz (Hrsg.): Das Christentum im Urteil seiner Gegner. Hueber, Ismaning bei München 1986

Duerr, Hans Peter: Traumzeit – über die Grenze zwischen Wildnis und Zivilisation. Suhrkamp, Frankfurt am Main 1985

Eliade, Mircea: Geschichte der religiösen Ideen (5 Bände). Herder, Freiburg im Breisgau 1978

Evangelischer Erwachsenenkatechismus im Auftrag der Vereinigten Evangelisch-Lutherischen Kirche Deutschlands (VELKD), 6. Auflage, Gütersloh 2000

Fisher, Mary Pat: Religionen Heute. Könemann, Köln 1999

Fox, Matthew: Vision vom kosmischen Christus – Aufbruch ins dritte Jahrtausend. Kreuz, Stuttgart 1991

Geißler, Karlheinz A.: Vom Tempo der Welt. Herder, Freiburg im Breisgau 2000

Hark, Helmut: Mit den Engeln gehen. Die Botschaft unserer spirituellen Begleiter. Kösel, München 1993

Härle, Wilfried und Wagner, Harald: Theologenlexikon. C. H. Beck, München 1994

Hick, John: Gott und seine vielen Namen. Lembeck, Frankfurt am Main 2001

Hinterhuber, Hartmann: Die Seele – Natur- und Kulturgeschichte von Psyche, Geist und Bewusstsein. Springer, Wien 2001

Jaros, Karl: Jesus von Nazareth – Geschichte und Deutung. Zabern, Mainz 2000

Jordahl, David: Die zehn Ängste der Kirche. Kreuz, Stuttgart 1993

Kabat-Zinn, Jon: Im Alltag Ruhe finden. Das umfassende praktische Meditationsprogramm. Herder, Freiburg 2006

Kast, Verena: Imagination als Raum der Freiheit – Dialog zwischen Ich und Unbewußtem. Walter, Ölten 1988

Knitter, Paul: Horizonte der Befreiung – Auf dem Weg zu einer pluralistischen Theologie der Religionen. Lembeck, Frankfurt am Main 1997

Koschorke, Albrecht: Die Heilige Familie und ihre Folgen. Fischer, Frankfurt am Main 2001

Kroeger, Matthias: Die Notwendigkeit der unakzeptablen Kirche – Eine Ermutigung zu distanzierter Christlichkeit. Kösel, München 1997.

Kundtz, David: „Stopping. Anhalten zum Durchhalten". Kreuz, München 1999.

Küng, Hans: Christ sein, dtv, München 1983.

Langer, Michael und Niewiadomski, Józef (Hg.): Die theologische Hintertreppe – die großen Denker der Christenheit. Pattloch, München 2005.

Lüdemann, Gerd: Die Auferweckung Jesu von den Toten – Ursprung und Geschichte einer Selbsttäuschung. Verlag zu Klampen, Lüneburg 2002

Marxsen, Willi: Die Auferstehung Jesu von Nazareth. GTB, Gütersloh 1978

Metz, Wulf (Hrsg.): Handbuch Weltreligionen. Brockhaus und Brunnen, Wuppertal und Gießen 1983

Nuber, Ursula: Nur Katzen haben sieben Leben. Du lebst nur einmal. Mach was draus. Herder, Freiburg 2006.

Painadath, Sebastian: Der Geist reißt Mauern nieder. Kösel, München 2002

Ratschow, Carl Heinz: Religionen. Gütersloher Verlagshaus, Gütersloh 1979

Rödding, Gerhard: Das Kirchenjahr feiern und erleben. Quell, Gütersloh 2002

Rotzetter, Anton: Spirituelle Lebenskultur für das dritte Jahrtausend. Herder, Freiburg im Breisgau 2000

Schauber, Vera und Schindler, Hanns Michael: Bildlexikon der Heiligen. Pattloch, München 1999

Schleiermacher, Friedrich: Die Weihnachtsfeier – ein Gespräch. Manesse, Zürich 1989

Schmid, Georg: Plädoyer für ein anderes Christentum. Kreuz, Zürich 1998

Schmidt, Wolf-Rüdiger: Leben ohne Seele? – Tier – Religion – Ethik. GTB, Gütersloh 1991

Schwikart, Georg: Basiswissen Christentum. Gütersloher Verlagshaus, Gütersloh 2004

Selby, John: Wer warten kann, hat mehr vom Leben – Wartezeiten sinnvoll nutzen. Kösel, München 2000

Sölle, Dorothee: Mystik und Widerstand. Piper, München 1999

Theißen, Gerd und Merz, Anette: Der historische Jesus. Vandenhoeck & Ruprecht, Göttingen 2001

Tworuschka, Udo (Hrsg.): Heilige Schriften – eine Einführung. Wissenschaftliche Buchgesellschaft, Darmstadt 2000

Volp, Rainer: Liturgik – die Kunst, Gott zu feiern (Band 1 und 2). Gütersloh 1992 und 1994

von Brück, Michael: Wie können wir leben? Religion und Spiritualität in einer Welt ohne Maß. C. H. Beck, München 2002

von Brück, Michael: Ewiges Leben oder Wiedergeburt? Herder, Freiburg, 2007

von Oech, Roger: Was würde Heraklit tun? Griechische Weisheit für den Alltag. O. W. Barth bei Scherz, 2002

Wagemann, Gertrud: Feste der Religionen – Begegnungen der Kulturen. Kösel, München 2002

Wiggermann, Karl-Friedrich: Was ist Glaube? Gütersloher Verlagshaus, Gütersloh 1996

Wolff, Uwe: Das große Buch der Engel. Freiburg im Breisgau 1994

Zahrnt, Heinz: Mutmaßungen über Gott – die theologische Summe meines Lebens. Piper, München 1994

Personenregister